ARKANA

Buch

Ordnung als Grundlage des Liebeslebens: Hat diese Auffassung nach der sexuellen Revolution der sechziger Jahre des letzten Jahrhunderts überhaupt eine Berechtigung? Wilfried Nelles meint, sie sei die Grundlage jeder Bindung unter erwachsenen Menschen. Ohne diese Bindungswilligkeit ermögliche eine Beziehung kein Wachstum – weder in guten noch in schlechten Tagen. Im Zusammenspiel von Liebe und Ordnung entsteht die Kraft, die Mann und Frau mit ihren natürlichen Grundlagen verbindet und die Paarbeziehung zu einer Quelle für inneres Wachstum werden kann.

Diese Neubewertung der Liebe bringt für den Leser zahlreiche Aha-Effekte mit sich. Sie führt auf unterhaltsame Weise ein in das, was zwischen zwei Menschen möglich ist. Krisen werden zu Wachstumschancen, wenn der Kraft der Sexualität und der Liebe die Ordnung der Bindung gegenübersteht. Die Liebe als Weg, als Möglichkeit, zu wachsen, ohne Fluchtversuche – dieser Ansatz bietet in der neu gewonnenen Vielgestaltigkeit moderner Partnerschaften Orientierung ohne vorgefertigte Ordnungsmuster und Denkverbote.

Autor

Dr. Wilfried Nelles, geboren 1948, war nach dem Studium der Psychologie und Gesellschaftswissenschaften zwölf Jahre in der sozialwissenschaftlichen Forschung tätig. Inzwischen arbeitet er seit vielen Jahren auf der Grundlage des Familien-Stellens nach Bert Hellinger als Lebensberater und führt Kurse in aller Welt durch. Er ist verheiratet und hat zwei Söhne.

Wilfried Nelles

In guten wie in schlechten Zeiten

Liebe, Lust und Wachstum in der Partnerschaft

ARKANA
GOLDMANN

Umwelthinweis:
Alle bedruckten Materialien dieses Taschenbuches
sind chlorfrei und umweltschonend.

Originalausgabe September 2004

Umschlaggestaltung: Design Team München
Umschlagmotiv: Marc Chagall, In der Dämmerung © VG Bild-Kunst,
Bonn 2004
Satz: Uhl + Massopust, Aalen
Druck: GGP Media GmbH, Pößneck
Verlagsnummer: 21692
Lektorat: Ralf Lay, Mönchengladbach
WL · Herstellung: WM
Made in Germany
ISBN 3-442-21692-3
www.goldmann-verlag.de

1. Auflage

Inhalt

Beziehung und Wachstum

Zeitläufte

Es ist heute schon fast nicht mehr vorstellbar: Ich gehöre zur ersten Generation in diesem Land, die das Glück hatte, als junger Mensch mit der Freundin oder dem Freund zusammenwohnen zu können, ohne verheiratet zu sein. Das war Anfang der Siebziger. Noch wenige Jahre vorher wäre dies undenkbar gewesen. Man bekam oft noch nicht einmal ein gemeinsames Hotelzimmer, wenn man nicht verheiratet war, und in den Studentenunterkünften war es vor 68 so gut wie ausgeschlossen, dass ein Mädchen nach zehn Uhr abends oder gar über Nacht noch bleiben durfte. Als sich dann um 70 herum im linksalternativen studentischen Milieu immer mehr Wohngemeinschaften bildeten, dachten die meisten aus unserer Elterngeneration, dort würden, wenn es denn keinen Gruppensex gäbe, doch zumindest alle paar Tage die Partner getauscht.

Die »WGler« selbst hielten sich nicht selten für die Speerspitze einer neuen Bewegung. Die Kulturrevolution der späten Sechziger schien in neue Beziehungs-, Wohn- und Lebensformen zu münden, die die bürgerliche Ehe und Familie ablösen würden. Tatsächlich hat sich ungeheuer viel geändert, aber Ehe und Familie sind geblieben. Auch Wohngemeinschaften gibt es nach wie vor, aber heute sind sie praktische Einrichtungen ohne missionarischen Anspruch.

In Wirklichkeit war die »WG« auch in den wilden Siebzigern schon eine eher praktisch-nützliche Angelegenheit und nicht viel mehr als eine gute Zwischenstation auf dem Weg zur »Zweierkiste«, wie es damals reichlich herablassend hieß. Sie war die preisgünstigste Wohnmöglichkeit – so viel Raum für so wenig Geld gab es sonst nirgendwo. Sie bot ausgezeichnete Kontakt- und Kommunikationsmöglichkeiten – abgesehen von den Begegnungen unter den Mitbewohnern kam immer irgendwer zu irgendwem zu Besuch, es gab stets Anlässe zum Feiern, und man lernte jede Menge Leute kennen, was gerade für Studenten im anonymen Unibetrieb sehr wichtig war.

Man lernte, einen Haushalt zu führen, ohne dass es vorgegebene Muster gab, wer was zu tun hatte. Alles musste untereinander besprochen und festgelegt werden. Insbesondere die traditionellen Geschlechterrollen kamen auf den Prüfstand, was der Kultur der Zweierbeziehung sicherlich viel Positives gegeben hat. Und, last but not least, man war progressiv, man war ideologisch »auf der richtigen Seite«. Allerdings bildeten sich innerhalb der Wohngemeinschaften dann doch wieder die alten »Zweierkisten«, und wenn sie lange genug hielten, zog das Paar dann schließlich aus und ging, mit oder ohne Trauschein, zur klassischen Beziehung über.

Ich war bereits zwei Jahre verheiratet, als sich unsere Wohngemeinschaft auflöste und wir beide uns plötzlich als ganz gewöhnliches Paar in einer gewöhnlichen Dreizimmerwohnung wiederfanden. Es war schon seltsam. Ich weiß noch, wie mich an einem der ersten Abende unserer neuen Zweisamkeit plötzlich die Einsicht überkam: »Jetzt bist du richtig verheiratet!« Ich war nicht begeistert davon, es war fast wie ein Schock, obwohl ich es auf der anderen Seite sehr genossen habe, endlich einmal mit meiner Frau wirklich allein zu sein.

Wenn ich mich heute frage, warum ich damals geheiratet habe, dann muss ich offen sagen: weil ich die Frau, die ich liebte, ganz für mich haben wollte. Ich liebte sie, das war klar, aber aus Liebe brauchte man nicht mehr zum Standesamt. Es nahmen mir einfach zu viele andere Hirsche ihre Witterung auf, und ich wollte mein Revier markieren. Das habe ich natürlich weder ihr noch mir selbst eingestanden. Glücklicherweise gab es »praktische Gründe«, zum Beispiel die Tatsache, dass ich dann mehr Geld verdiente und weniger Steuern zahlte, sodass auf diese Weise der Staat ihr Studium finanzierte. Da war es vernünftig und einleuchtend, zu heiraten, wenn man sowieso schon zusammenlebte.

Wir hatten also zum ersten Mal in der Geschichte die Wahl: Wir konnten lieben, wen wir wollten und wann wir wollten, wir konnten probieren, wie es sich zusammen lebte, wir konnten uns in die Niederungen des Alltags – kochen, spülen, putzen, einkaufen – einüben, ohne gleich in eine Ehe zu springen, aus der es kein Zurück mehr gab.

Und wir konnten uns, auch dies zum ersten Mal in der Geschichte, lieben, sooft wir wollten, ohne gleich Kinder zu bekommen.

Wir *mussten* also nicht mehr heiraten. (In meiner Kindheit und Jugend hörte ich immer wieder den Satz: »Die beiden *mussten* heiraten«, eine schamhafte Umschreibung der Tatsache, dass eine junge Frau von ihrem Freund geschwängert worden war; heute redet fast niemand mehr so.) Seit Ende der Sechziger gibt es stets auch die andere Möglichkeit. Die Entscheidung für die Ehe muss sich seither immer bewähren gegenüber der Option, anders zu leben. Diese Möglichkeit war bis dahin so gut wie nicht gegeben, vor allem für Frauen nicht: Eine Frau konnte früher, sofern sie nicht heiratete, ins Kloster gehen, sich von einem Verwandten versorgen lassen oder Lehrerin werden (die bezeichnenderweise »Fräulein« genannt wurde, selbst wenn sie verheiratet war), von Ausnahmen aus der Oberschicht, die genug Geld hatten, einmal abgesehen. Und uneheliche Kinder zu bekommen war nur um den Preis der sozialen Ächtung möglich.

Dies hat sich grundlegend geändert. In wenigen Jahren war plötzlich alles möglich. Auch die Trennung oder Scheidung. Seit die Frauen sich selbst versorgen können, ist die Ehe keine finanzielle Notwendigkeit mehr. Und da auch die soziale Ächtung weitgehend verschwunden ist, steht einem Leben ohne Mann gesellschaftlich nichts mehr im Wege. Im Gegenteil: War die Bezeichnung »allein erziehend« vor den Siebzigern noch eine Schmach, so ist es heute in manchen Kreisen fast ein Ehrentitel, und man sollte sehr vorsichtig sein, wenn man sich zum Thema allein erziehende Mütter äußert. Rechtfertigen muss sich heute eher die Frau, die »nur« Hausfrau ist und sich »nur« um Mann und Kinder kümmert. Das Leben in einer Partnerschaft und besonders in einer Ehe muss sich also ununterbrochen bewähren gegenüber der realen Alternative, sich zu trennen, allein oder mit einem anderen Partner zu leben.

Diese neue Freiwilligkeit, das ständige Sich-bewähren-Müssen, ist Last und Segen zugleich. Der Segen besteht darin, dass die Beziehung damit enorm an Wert gewinnt. Sie ist kein Muss, sondern ein Ja angesichts realer Alternativen. Stimmt man dem zu, kann eine Partnerschaft eine phänomenale Kraft entfalten. Im Angesicht der Freiheit verlangt sie sehr viel, aber sie vermag auch sehr viel zu geben.

Dies erfährt man allerdings nur, wenn man sich mit allen Höhen und Tiefen auf eine Beziehung einlässt und nicht beim ersten größeren Konflikt bzw. der ersten tiefen Enttäuschung oder Verletzung seinen Hut nimmt. Die Liebe ist keine dauernde Wohlfühlveranstaltung, und eine Paarbeziehung ist nicht nur für die Partner da. Beides ist eingebunden in etwas Größeres, was unser Persönliches weit übersteigt und uns manchen tiefen Schmerz und manche Ent-täuschung zumutet. Die Früchte einer Beziehung reifen nur dann zur Gänze, wenn wir uns diesem Größeren anheim geben.

Manche stellen infrage, ob die Ehe heute noch eine gute oder zeitgemäße Form der Beziehung sei. Dies ist im

Grunde eine müßige Frage, denn die Ehe ist einfach deshalb die zeitgemäße Art des Zusammenlebens, weil immer noch die große Mehrheit sie anstrebt. Die Ehe – oder die Zweierbeziehung – ist nach wie vor die vorherrschende Form der intimen Beziehung zwischen Mann und Frau. Nicht nur zwischen Mann und Frau, denn während ihr als heterosexuelle Partnerschaftsvariante der Ruch des Gestrigen anhaftet, kämpften viele Homosexuelle darum, endlich »heiraten« zu dürfen.

Es ist eine Tatsache, dass die meisten sich früher oder später in einen anderen Menschen verlieben und dass aus dieser Verliebtheit früher oder später der Wunsch entsteht, mit ebenjenem Menschen zusammenzubleiben, mit ihm eine exklusive, intime Beziehung einzugehen, die andere nicht einbezieht, und vielleicht auch Kinder zu bekommen und gemeinsam für diese zu sorgen. Das muss heute nicht mehr mit einem Trauschein verbunden sein, aber wenn dann Kinder kommen, heiraten viele aus pragmatischen Gründen schließlich doch – wobei, wie wir später sehen werden, andere Gründe ein viel größeres Gewicht haben.

So schwierig die Ehe sein mag, so verstaubt uns manche Moralvorschriften vorkommen mögen, so viele Ehen auch geschieden werden – es ist nach wie vor so, dass es die meisten Menschen dorthin zieht. Und in Bezug auf Kinder und Familie gibt es zwar viele interessante Theorien, aber kaum praktikable Modelle, die besser geeignet wären, Kinder aufzuziehen und ihnen einen guten Platz im Leben zu geben.

Daher möchte ich die grundsätzliche Frage nach dem

Sinn und der Möglichkeit (oder der Richtigkeit), ein Leben zu zweit zu führen, in die praktische Frage umformulieren, wie das, was die meisten wollen und tun, am besten zu realisieren ist. Was muss man beachten, damit das, was zwei Menschen anfänglich mit großen Hoffnungen, großer Freude und, so möchte ich für die meisten einmal annehmen, auch großer Liebe zusammenführt, wirklich gelingen kann? Denn an kaum etwas sind so viele Hoffnungen geknüpft wie an eine Zweierbeziehung – außer vielleicht an ein Kind, das häufig die bereits enttäuschten Vorstellungen von der Beziehung und dem Partner erfüllen muss.

Wenn ich Ihnen in diesem Buch praktische Beobachtungen, Einsichten und Gedanken vorstelle, was für das Gelingen einer Partnerschaft förderlich ist, dann tue ich dies in dem Wissen, dass unser Einfluss darauf nur sehr gering ist. Viele Menschen meinen, sie könnten ihr Leben planen, lenken, bestimmen. Das stimmt aber nicht. Es stimmt nicht für unser Leben und auch nicht für unsere Beziehungen. Wir hatten keinerlei Einfluss auf unsere Geburt, keinerlei Einfluss auf die Familie, in die wir hineingeboren wurden, keinerlei Einfluss auf die Lebensumstände und die Zeit, die uns geprägt haben, und wir haben auch kaum Einfluss auf die Lebensspanne, die uns beschieden ist. Ob ich achtzehn oder achtzig Jahre alt werde, liegt außerhalb meiner Macht. Dennoch bemühen wir uns fortwährend, im Rahmen unserer Möglichkeiten, gesund zu bleiben und möglichst lange zu leben, und wir bringen unseren Kindern bei, den schlimmsten

Gefahren aus dem Weg zu gehen oder sie, so gut es geht, zu bewältigen.

Genau so kann man die Beziehung betrachten. Wie lang oder kurz der Lebensbogen sein wird, der ihr beschieden ist, wissen wir nicht, und es liegt kaum in unserer Hand. Wenn die Liebe erlischt, erlischt sie, aber solange sie uns geschenkt ist, können wir sie nähren und pflegen – oder auch nicht. Ich vertrete hier also kein Ideal einer lebenslangen Beziehung und erst recht keine Moral, wie diese zu sein hat. Das würde dem Leben nicht gerecht. Wir haben die Beziehung nicht am Reißbrett geplant und entworfen, sondern sie war auf einmal da. Und wir wissen nie, für wie lange sie da sein wird. Wenn wir sie in das Prokrustesbett einer Idee oder Ehemoral zwingen wollen, ist sie tot, bevor sie richtig begonnen hat. Dennoch können wir uns, wie im übrigen Leben auch, fragen, was eine Partnerschaft braucht, um möglichst lange und möglichst gut zu existieren und lebendig zu bleiben. Wir können achtsam oder sorglos damit umgehen, ernsthaft oder leichtfertig sein, uns einlassen oder nicht, bereit sein, uns von der Beziehung formen und wandeln zu lassen, oder auf unseren Ansprüchen und Vorstellungen bestehen. Und wir können Krisen als schmerzhafte Häutungen und Chancen zum Wachstum nehmen oder aufgeben. Wir haben in jedem Moment die Wahl, obwohl wir nichts »im Griff« haben.

Sie halten allerdings kein »How-to-do-it-Buch« in der Hand, in dem Sie nachschlagen können, was in welcher Situation zu tun ist. Alle Aktivität hilft nichts, wenn man nicht verstanden hat. Sofern man jedoch genau hinschaut, was eine Paarbeziehung ist, welche Rolle darin dem Mann zukommt und welche der Frau, und wenn man sich dann ganz darauf einlässt, was diese Beziehung von einem fordert, dann entsteht in den meisten Situationen ein sehr gutes intuitives Wissen um das, was als Nächstes zu tun ist. Und mehr braucht man nicht zu wissen, die Einsicht in den nächsten fälligen Schritt genügt. Deshalb werde ich versuchen, »die Dinge selbst« zu Wort kommen zu lassen: uns von den zentralen Elementen, die eine Paarbeziehung ausmachen, sagen zu lassen, wie sie sind und wie sie wirken. Wenn wir dies auf uns wirken lassen, werden wir zur rechten Zeit das rechte Wissen haben, um uns in unseren Beziehungen zu orientieren.

Die Liebe zwischen Mann und Frau

Amors Pfeil

Augen-Blicke

Ich war Anfang zwanzig, Student im dritten Semester und wie üblich am Wochenende zu Hause im Elternhaus. Seit einigen Wochen traf ich mich mit einem Mädchen – mal gingen wir ins Kino, mal auf eine Fete. Sie war wohl in mich verliebt, ich hingegen fand sie zwar ganz nett, wollte aber eigentlich nur etwas weibliche Gesellschaft. An diesem Samstag waren wir auf einer Schülerfete meines ehemaligen Gymnasiums. Ich weiß nicht mehr, wieso ich überhaupt dorthin gegangen bin – ich hatte nämlich beim Abitur geschworen, dieses Gebäude nie mehr zu betreten. Ich habe das dann auch dreißig Jahre lang nicht mehr getan. Aber an jenem Abend bin ich aus unerfindlichen Gründen – vielleicht weil meine Begleiterin es wollte – auf diesen Schülerball gegangen (er fand allerdings nicht im Schulgebäude statt, sodass ich es so gerade noch mit meinem Vorsatz vereinbaren konnte). Ich glaube, ich habe mich ziemlich gelangweilt. Es gibt allerdings einen Moment, an den ich mich immer noch erinnere: Ich tanzte mit meiner Partnerin und schaute plötzlich einem Mädchen in die Augen, das einige Meter entfernt mit seinem Freund tanzte. Es waren nur wenige

Sekunden, aber ich hatte das Gefühl, dass es entscheidende Sekunden waren.

Ich hatte dieses Mädchen schon einmal von weitem gesehen und von ihr gehört. Sie hatte noch eine ältere Schwester, die beiden gingen auf das benachbarte Mädchengymnasium, sahen fast wie Zwillinge aus und waren ausnehmend hübsch, weswegen jeder Schüler sie kannte, aber an diesem Abend schaute ich sie (und sie mich) zum ersten Mal an. Danach habe ich meine Begleiterin nach Hause gebracht und mich nicht mehr mit ihr getroffen. Ich wusste jetzt, wen ich wirklich treffen wollte.

Zwei Wochen später war es so weit. Es gab eine Tanzveranstaltung in ihrem Wohnort, die ich mit organisiert hatte. Diesmal war ich ohne Begleiterin. Plötzlich sah ich sie und ihre Schwester. Ich wartete noch eine viertel oder eine halbe Stunde, dann machte ich mich auf den Weg, um sie zum Tanzen aufzufordern. Als ich an ihrem Tisch stand, saß da nur eine der beiden, und ich wusste plötzlich nicht mehr, ob es die Richtige war. Nun gut, da ich zielstrebig auf sie zugesteuert war, konnte ich jetzt keinen Rückzieher mehr machen. Also sprach ich sie an und fragte, ob sie mit mir tanzen möchte. Sie stimmte zwar zu, aber nach der Art, wie sie dies tat, konnte sie eigentlich nicht die Richtige sein – oder sollte ich mich vor zwei Wochen bei unserem Augen-Blick so getäuscht haben? Da sah ich die andere nach ein paar Minuten zu ihrem Platz zurückkommen. Sie schaute herüber, und ich wusste: Ich habe mich nicht getäuscht, *sie* war die Richtige. Als ich nach dem Tanz die beiden »austauschte«, schwand auch noch der letzte Rest eines Zweifels. Sie war die Richtige, und sie ist es bis heute geblieben. Etwas in mir hat dies vom ersten Augen-Blick an gewusst.

Die Liebe ist frei

Was passiert da eigentlich? Wer oder was führt hier Regie? Ich höre oder lese gelegentlich von Lebensplanungen, manche empfehlen so etwas jungen Menschen. Aber die wichtigsten Dinge geschehen nicht nach Plan. Oft genug werfen sie sogar alle Pläne über den Haufen. Sie *passieren*, sie *geschehen*! Wie oft war ich irgendwo hingegangen und hatte nach einer Frau Ausschau gehalten – es klappte nie. Nicht dass es immer die Liebe auf den ersten Blick sein muss, es kann auch der zweite oder dritte sein, es mag auch mit einer Frau oder einem Mann passieren, die oder den man seit Jahren kennt – plötzlich schaut man sich an, und etwas ist anders, etwas ist passiert oder passiert in diesem Moment, was all die Jahre nicht geschehen ist und was man nie erwartet hätte.

Wenn einem die Liebe geschieht, wenn sie einem begegnet, kommt sie aus dem Unbekannten, zu ihrer Zeit, zu ihren Bedingungen. Welcher Ehemann sieht schon aus wie der Traumpartner, für den die Frau als Teenager geschwärmt hat? Vielleicht gibt es gewisse Dinge, die man gut findet, bestimmte Äußerlichkeiten, die einen schon immer angezogen haben – aber dass es ausgerechnet *der* sein würde? Einer, dessen hohe Stirn schon mit fünfundzwanzig kräftige Geheimratsecken verlängern? Wenn dir das einer mit dreizehn prophezeit hätte, dem würdest du aber etwas anderes erzählt haben! Tatsache ist: Die Liebe kommt, wann sie will, mit wem und durch wen sie will und wie sie will. Wir sind ihr ausgeliefert. So war es von Anfang an, und so wird es immer bleiben.

Das wollen wir aber nicht. Wir wollen nicht ausgeliefert sein. Was uns fehlt, was wir uns wünschen, möchten wir bekommen, uns vielleicht auch erarbeiten oder erkämpfen; und was wir dann einmal haben, wollen wir festhalten, unbedingt behalten. Damit beginnt bereits der Kampf, und das könnte schon der Anfang vom Ende sein. Denn was wir festhalten können, ist nur die Hülle.

Die Liebe selbst ist freier als ein Vogel. Die Faust, die sie halten will, erdrückt sie, wenn die Liebe ihr nicht im letzten Moment entwischt. Aber die Sehnsucht nach genau diesem Partner, das Bedürfnis nach Verbindung und Bindung, die Lust der Verschmelzung, der Wunsch nach Dauer und Ewigkeit ist auch Teil der Liebe und kommt uns mit ihr zugeflogen. Gestern noch wolltest du nichts als frei, ungebunden und unabhängig sein, und heute pfeifst du darauf, wenn du nur mit dem oder der Geliebten zusammen sein kannst. Also beginnen wir eine Beziehung. Manchmal wird daraus eine Ehe, dann ist die Liebe sozusagen amtlich. Ein Versprechen mit bindender Wirkung – sowohl äußerlich als auch innerlich.

Manche meinen, mit einer festen Beziehung oder gar einer Ehe »besäßen« sie den Partner und auch die Liebe, sie hätten vielleicht sogar ein Anrecht darauf. Nichts könnte falscher und zerstörerischer für die Liebe sein. Sie ist und bleibt immer frei, wie offiziell wir auch gebunden sein mögen. Sie ist frei, weil sie uns nie gehörte.

Dies wiederum führt andere zu dem Glauben, die Liebe sei in dem Sinne frei, dass man mit ihr nach Belieben umgehen und über sie verfügen könne. Auch dies ist eine falsche Annahme, die in aller Regel sehr destruktive Folgen haben wird – wer so denkt oder handelt, wird die Liebe nie wirklich erfahren. Die Liebe ist frei, ja, aber sie ist nicht frei wie eine Ware, die wir kaufen, eine Zeit lang besitzen, konsumieren und dann wieder verkaufen können, sondern sie ist frei, weil sie nie jemandem gehört hat und nie jemandem gehören wird. Sie ist eine Kraft, die für sich existiert, eine Kraft, die sehr wohl *uns* ergreifen kann, die aber niemals *wir* ergreifen und haben können. Wir können *in ihr* sein – dann ist sie auch in uns –, aber wir können sie nie haben. Sie hat uns. Und sie bindet uns. Obwohl sie frei ist, bindet sie diejenigen, die sich auf sie einlassen.

Was bedeuten dann Beziehung, Partnerschaft, Ehe? Nicht mehr und nicht weniger als eine gemeinsame Hingabe an diese Kraft, die über die beiden gekommen ist, sie entflammt und zusammengebracht hat. Ein Ja, sich dieser Kraft anzuvertrauen, sich von ihr bewegen, von ihr führen, von ihr vielleicht auch quälen, verbrennen und läutern zu lassen.

Tödlicher Pfeil

Wenn ich noch einmal kurz auf meine eigene Beziehung schaue, so hat es im Laufe der mehr als dreißig Jahre, die seit jenem ersten Augen-Blick vergangen sind, immer wieder Zweifel und schwere Krisen gegeben. Zeitweise ist es mir so vorgekommen, als sei unsere Beziehung, von den ersten zehn Jahren abgesehen, eine Aneinanderreihung von Krisen, unterbrochen durch viele kurze Höhenflüge und einige Erholungsphasen. Es gab zig Gespräche, bei denen das Thema Trennung im Raum hing, mal verzweifelt, mal scheinbar nüchtern, mal als Kampfmittel, mal resigniert, und je einmal hat jeder von uns im allerletzten Moment einen Rückzieher gemacht, sonst wäre es tatsächlich passiert. Ich weiß zwar nicht, was die Zukunft bringt, aber es gibt da etwas, was über sie und mich hinausgeht, uns beide umfasst und uns immer wieder getragen hat. Ich weiß nicht, wie lange dies trägt – es kann schon morgen vorbei sein – und was das ist, ich möchte es auch gar nicht ergründen, aber es ist zweifellos da.

Ich weiß, dass ich es nicht »mache«. Es ist nicht meine Schöpfung, nicht mein Tun – genau wie jener erste Augen-Blick nicht mein Tun war. Irgendetwas hat unsere Blicke in diesem Moment zueinander geführt – man mag es »Zufall« nennen, »Schicksal« oder wie auch immer: Es war jenseits meines (bewussten) Tuns. Und so ist auch unsere gesamte Beziehung geblieben: jenseits unseres bewussten Tuns. Alles, was wir machen können, ist, uns diesem Geschehen anzuvertrauen, uns ihm zu überlassen. Und alles Schwere, so scheint mir oft – nein: nicht das Schwere an sich, das gehört dazu, sondern der Kampf und das Leiden –, kommt nur aus unserer eigensinnigen Gegenwehr wider diese größere Bewegung, in die wir eingebunden sind.

Die alte Geschichte, dass uns Amor mit seinem Pfeil

ins Herz trifft, symbolisiert nicht nur den Vorgang des Sichverliebens. Es ist alles andere als romantisch, es ist durchaus auch eine sehr schmerzhafte Angelegenheit. Denn schließlich werden wir *verwundet*! Und wir werden nicht »irgendwo« verwundet, sondern in unserem Innersten, dort, wo es am tiefsten schmerzt, wo das Zentrum, der Puls unseres Lebens ist: mitten im Herzen, dem Zentrum! Eigentlich müssten wir sterben, denn ein Pfeil im Herzen ist tödlich. Eigentlich? Nein, tatsächlich! Genau das ist es, was die Liebe von uns fordert: zu sterben!

Zunächst allerdings lässt sie uns erst einmal richtig leben. Nie haben wir uns so lebendig gefühlt wie in jenen Tagen der großen Verliebtheit, und wahrscheinlich werden wir uns auch nie mehr so lebendig fühlen. Kein Wunder: Da meint doch tatsächlich – so scheint es uns jedenfalls – jemand *mich*, findet *mich* interessanter als alle anderen, will mit *mir* zusammen sein, stört sich nicht an meinen Pickeln oder meinem Bauch, der mehr von einem weich aufgeblasenen Luftballon hat als von einem Waschbrett, und sogar meine Verklemmtheit findet sie irgendwie reizend. Diese coolen Typen seien, höre ich, doch sowieso ohne Tiefe, während meine Zurückhaltung und Schüchternheit ein Geheimnis andeute, etwas Besonderes, das mich interessant mache und aus der Masse hervorhebe. Ich wäre zwar trotzdem lieber so cool wie die anderen (oder möchte wenigstens so tun können), aber es tut doch verdammt gut, so etwas zu hören. Und auch wenn ich's nicht so ganz glaube, so ist doch nicht zu übersehen, dass sie tatsächlich *mich* meint, dass sie *mich* den anderen vorzieht. Und so haben wir nicht selten das Gefühl, jetzt erst richtig zu leben.

Dank der Biochemie wissen wir heute, dass das mit den Hormonen zusammenhängt. Endorphine und andere Glücklichmacher werden verstärkt vom Körper produziert. Vielleicht, wahrscheinlich sogar, sind diese noch recht neuen und bruchstückhaften Erkenntnisse die Grundlage einer chemischen Glücksindustrie. So wie jetzt schon in jedem Fitnessstudio die Präparate für einen schnellen und gezielten Muskelaufbau die Runde machen und fast jeder Spitzensportler seine Leistungsapotheke im Reisegepäck hat, wird vielleicht in naher Zukunft jeder seine Glückspillen einwerfen. Das würde immerhin die Abhängigkeit von den Launen des Schicksals oder des Zufalls mildern, da wir uns jederzeit in den Zustand der Verliebtheit versetzen könnten. Aber es wäre eine recht autistische Angelegenheit – wenn der andere nicht mehr gebraucht wird, entfallen auch der Austausch und die Notwendigkeit zur Auseinandersetzung und damit eine wichtige Grundlage für Lernen, Entwicklung und Wachstum.

Doch bleiben wir in der Gegenwart. Die biochemischen Erkenntnisse mögen zwar von industriellem Nutzen sein, aber erklären tun sie eigentlich nichts. Was zwischen Mann und Frau – gelegentlich auch zwischen Mann und Mann oder zwischen Frau und Frau, worauf ich hier aber nicht weiter eingehe – tatsächlich abläuft, was dazu führt, dass genau bei dieser Person und exakt in diesem Augenblick der Anstoß zur Hormonproduktion gegeben wird, ist immer noch ein Geheimnis und wird wohl auch ewig ein Geheimnis bleiben.

Die Achtung dieses Geheimnisses ist eine wichtige, vielleicht sogar die wichtigste Bedingung dafür, dass aus dem ersten, Verliebtheit genannten Aufruhr der Gefühle eine tiefe, seelisch fruchtbare Beziehung werden kann (die fleischliche Fruchtbarkeit ist zwar mindestens genauso wichtig, aber sie stellt sich mehr oder weniger von selbst ein und braucht wenig Einsicht und Anstrengung von unserer Seite). Amors Pfeil zeigt uns, wie dies geht: indem wir uns an unserer empfindlichsten Stelle treffen und verwunden lassen.

Der Reiz des Unbekannten

Wenn Mann und Frau sich begegnen, treffen zwei Welten aufeinander. Viele Zeitgenossen meinen, man müsste sich mehr anstrengen, den jeweils anderen zu verstehen. Auf dem Büchermarkt sind Ratgeber, die Frauen nahe bringen, wie Männer denken, fühlen und handeln, seit Jahren Renner. Es gibt solche Bücher auch für Männer, aber die interessieren sich meist nicht sehr dafür; auch die Käufer dieser Bücher sind Frauen, Mann bekommt sie dann geschenkt und liest sie (hoffentlich) nicht.

Es ist selbstverständlich nichts dagegen einzuwenden, dass man versucht, sich in den anderen hineinzuversetzen oder etwas über den Partner oder das andere Geschlecht generell zu lernen. Das ist allemal besser, als das Andere oder den anderen zu verurteilen, sich über sie lustig zu machen oder sie zu bekämpfen, weil man ihr Anderssein nicht ertragen kann. Aber man sollte nicht meinen, dass dies je dazu führen könnte, den anderen zu verstehen.

Alle Bemühungen in diese Richtung führen nie zum Ziel. Und falls sie es doch täten, falls die Männer die Frauen und die Frauen die Männer wirklich verstünden, wäre der Zauber vorbei. Nein, es ist doch gerade das Fremde, das ganz und gar andere, was den Funken entzündet und die Flamme am Leben hält. Im Allgemeinen verlieben wir uns in eine Person, die uns unbekannt ist (in dem Maße, in dem wir sie kennen lernen, schwindet dann meist die Verliebtheit). Und in den wenigen Fällen, in denen es jemand ist, den wir schon länger kennen, sehen wir diese Person plötzlich in einem neuen Licht; das heißt, wir haben etwas Neues, anderes, Unbekanntes an ihr entdeckt.

Das, was die Sache in Bewegung bringt, ist immer das Unbekannte. Etwas, was wir selbst nicht haben und jetzt über den anderen kennen lernen können. Etwas, an dem wir über den Partner teilhaben können. Dieses andere ist für uns immer geheimnisvoll. Es zieht uns zu diesem Geheimnis, wir wollen es ent-decken und ergründen, aber es muss zugleich gewahrt bleiben, denn es ist eine wichtige Grundlage der Beziehung. Wenn die Frau für den Mann kein Geheimnis mehr wäre, wenn die Frauen uns Männer wirklich ganz verstünden und nicht mehr innerlich mit dem Kopf schütteln müssten ob so viel männlicher Dummheit, wäre das Spiel zu Ende.

Bei der Begegnung von Mann und Frau ist es zunächst und ganz allgemein das andere Geschlecht, was dieses Unbekannte darstellt. Es ist die Welt der Frau, das Geheimnis des Weiblichen, was den Mann anzieht und zugleich das Männliche in ihm weckt. Und es ist das Männliche, was die Frau fasziniert, was sie in ihrer Weiblichkeit herausfordert und bestätigt. Man kann dies jederzeit beobachten, wenn zu einem Frauenkreis ein Mann dazustößt oder eine Frau sich einer Männerrunde beigesellt – alle verhalten sich sofort anders. Das ist ganz unabhängig vom Alter oder davon, ob es sich um sehr weibliche oder eher männlich-herbe Frauen- bzw. Männertypen handelt. Man kann es sogar im Altersheim beobachten. Sobald ein Mann eine Frauenrunde oder eine Frau eine Männerrunde betritt, beginnt ein besonderes, uraltes Spiel, das Mann-Frau-Spiel.

Das Mann-Frau-Spiel

Es ist gut, sich klar zu machen, dass dieses Spiel nur vordergründig dem Vergnügen der Spieler dient. Das tut es zwar auch, aber letztlich ist dieses Vergnügen nur Mittel zum Zweck. Der Zweck ist ganz nüchtern und völlig unpersönlich – oder besser: überpersönlich. Es geht um die Reproduktion der Art, um ihre Erhaltung durch Fortpflanzung. Wir sind Spieler in einem Spiel, das sich die Evolution vor Millionen Jahren, als die Spezies Mensch noch in weiter Ferne lag, »ausgedacht« hat. In Zeiträumen, die unserem Vorstellungsvermögen gänzlich entzogen sind, hat sich Art um Art nach den Regeln dieses Spiels entwickelt, fortgepflanzt und in andere Arten verwandelt.

Dieses Spiel spielen wir nach wie vor, es steckt in jeder unserer Zellen und entzieht sich der Kontrolle. Die Verliebtheit, der Tanz der Hormone, die Freude des Gebens und Nehmens, die Geilheit, die Lust – sie stehen alle im Dienste der Arterhaltung und haben sich im Laufe der Jahrmillionen als effektivstes Mittel erwiesen, diese zu gewährleisten.

Auch die Liebe. Nicht nur die Lust dient der Arterhaltung und ist der Natur Mittel zum Zweck, sondern auch die Liebe. Man braucht sie nicht zur Zeugung, aber man braucht sie, damit das Gezeugte und neu Entstandene wachsen und gedeihen kann. Denn der Mensch wäre ohne die Fürsorge anderer nicht lebensfähig. Der Säugling kann allein nicht überleben, er braucht die Zuwendung, den Schutz und die Nahrung durch andere, in erster Linie natürlich durch die Mutter. Und diese braucht, wenn sie sich ganz dieser Aufgabe widmet, selbst die Unterstützung durch andere, in erster Linie durch den Mann, der ihr das Kind gezeugt hat.

Dies gewährleistet die Natur durch eine emotionale Bindung, die sich am deutlichsten in der Liebe ausdrückt. Die Partnerliebe und die Elternliebe sind also auch Mittel der Natur, um den Fortbestand der Art zu sichern.

Die Basis der Beziehung zwischen Mann und Frau ist also die Erhaltung der menschlichen Art durch ihre Fortpflanzung. Lust, Liebe und alles andere, was sie aneinander bindet und die Paarbeziehung ausmacht, haben darin ihre Grundlage, ihren Ursprung und ihren Zweck. Sie sind von ihrem Wesen her darauf bezogen und in diesen Vorgang einbezogen. Das heißt, sie dienen nicht in erster Linie dem eigenen Wohlbefinden, sondern sind Mittel zu einem Zweck, der den Einzelnen übersteigt und auf seine Befindlichkeit im Grunde keine Rücksicht nimmt.

Was nicht heißt, dass wir uns nur zu diesem Zweck sexuell betätigen dürften oder ihn beim Sex ständig im Auge haben müssten. Wir können uns ganz egoistisch miteinander paaren und vergnügen, uns völlig unserer Lust hingeben. Je mehr wir dies tun, umso mehr dienen wir dem eigentlichen Sinn des Ganzen, denn dieser ist sozusagen in das Mittel (die Lust) »eingebaut«. Wenn wir uns vorbehaltlos unserer sexuellen Lust hingeben, so wie sie auftaucht, dienen wir natürlicherweise am besten der Arterhaltung.

Natürlicherweise – denn es gibt eine einschneidende Veränderung: Wir sind heute zum ersten Mal in der Geschichte der Evolution, in der Lage, das Mittel vom Zweck gänzlich abzukoppeln. Wir können uns dem Vergnügen des Spiels, sozusagen dem reinen, zweckfreien Spiel, überlassen, ohne dass es weiterhin dem Ziel dient, zu dessen Erfüllung es einst entstanden ist.

Im Klartext: Wir können Sex haben, so viel wir wollen, ohne Kinder zu bekommen. Und wir sind dabei, uns fortpflanzen zu können, ohne miteinander Sex zu haben. Sex und Fortpflanzung sind nicht mehr untrennbar miteinander verbunden. Diese technische Entkoppelung (ich nenne sie so, weil sie mit technischen Mitteln bewerkstelligt wird) geht einher mit einer moralischen Entkoppelung. Als ob die natürliche Verbindung von Sex und Fortpflanzung nicht genügte, war sie von der Religion (nicht nur der christlichen) ja auch noch moralisch und theologisch gefordert. Heute empfinden aber selbst religiöse Christen eine vom Fortpflanzungszweck losgelöste Sexualität nicht mehr als Sünde.

Eine gänzlich freie, von einem Zweck außerhalb ihrer selbst losgelöste Sexualität wird dennoch weithin als hohl, leer, unbefriedigend, zum Teil auch als unmoralisch und entwürdigend empfunden, weshalb man versucht, sie mit einem »höheren« Wert zu verbinden, zum Beispiel der Liebe, der Treue, der Ehe oder auch mit religiös-spirituellen Werten wie inneres Wachstum, mystische Einheit oder gar Erleuchtung (so in vielen »Tantraschulen«).

Was die Veränderung des Spiels für die Beziehung zwischen Mann und Frau bedeutet, ist noch kaum absehbar. Aber es ist klar, dass sie diese grundlegend verändert. Es geht mir nicht um eine Bewertung dieser Entwicklung. Sie ist einfach gegeben. Und weil sie gegeben ist, liegt es an uns, sie zu nehmen und damit umzugehen.

Wie jede tiefe Neuerung stellt sie uns vor bisher unbekannte Herausforderungen, an denen wir wachsen oder auch scheitern können. Scheitern wird, wer in dem Neuen nicht mehr das Alte erkennt, wer nicht sieht, dass das, wo wir herkommen und wo unsere Sexualität herkommt, auch unter gewandelten Bedingungen noch in uns weiterwirkt. Wer andererseits vor den Veränderungen die Augen verschließt oder sie aus moralischen Gründen ablehnt, über den wird die Zeit hinwegrollen.

Bevor ich die Fragen, die sich mit der gesellschaftlichen Entwicklung ergeben, weiterverfolge, müssen jedoch noch die Grundlagen der Mann-Frau-Beziehung geklärt werden. Dazu kehre ich noch einmal an den Anfang zurück, sozusagen zu Adam und Eva.

Das Männliche und das Weibliche

Das Grundverhältnis der Mann-Frau-Beziehung kann man an dem ablesen, was den Mann und die Frau körperlich ausmacht und voneinander unterscheidet, nämlich den Geschlechtsmerkmalen, sowie daran, wie diese ihren natürlichen Zweck erfüllen.

Das Männliche

Das Männliche ist in seiner Grundausrichtung aggressiv und »rücksichtslos«; das heißt, es schaut nach vorn und nicht zurück. Das ist seine natürliche Anlage, und diese dient seinem natürlichen Zweck: das Leben voranzutreiben. Die natürliche Aggression ist zwar gewaltig, hat aber nichts mit Zorn, Wut oder Gewalttätigkeit zu tun. Sie ist nicht gegen jemanden oder gegen etwas gerichtet, sondern steht – dies aber ohne Rück-sicht – *für* etwas.

Sie ist auch kein Gefühl und hat nichts mit Gefühlen zu tun. Sie ist einfach eine vorwärts drängende Kraft, im Sinne der ursprünglichen lateinischen Wortbedeutung von »Aggression« (*aggredi* heißt »voranschreiten, herangehen; angreifen; unternehmen«; es war die Grundbewegung des römischen Heeres, das einfach unaufhaltsam voranschritt). Die männliche Aggression steht im Dienst des Lebens, im Dienst seiner Grundbewegung des ständigen Weitergehens und Sichausbreitens.

Dass die männliche Aggression nicht »böse« ist und nichts mit Wut und ähnlichen Gefühlen zu tun hat, heißt keineswegs, dass sie nicht bedrohlich sein oder als solche empfunden werden könnte. Sie kann dies sehr wohl sein, und zwar für Männer wie für Frauen – für Letztere allerdings mehr. Denn das Leben kennt in seinem Vorwärtsdrang keine Rücksicht, es pflanzt sich fort auch um den Preis des (individuellen) Todes. Das Leben an sich ist, aus der Perspektive des Einzelnen betrachtet, schrecklich und gewaltig. Es verliert nur dann seinen Schrecken, wenn wir uns selbst als Lebensbewegung verstehen, wenn wir erkennen, dass wir in dieser Bewegung aufgehoben sind, was auch immer dabei mit uns geschieht. Dazu müssen wir aber über das Ich-Bewusstsein hinauswachsen.

Wenn das Männliche also im Dienst des Lebens steht, so haftet ihm auch eine gewisse Rücksichtslosigkeit gegenüber einem einzelnen Schicksal an. Dies wird im Extremfall dort offenkundig, wo ein Mann sich eine Frau einfach nimmt, vor allem bei Vergewaltigungen. Aber es gilt auch für die ganz normale Mann-Frau-Beziehung, in der niemand dem anderen etwas aufzwingt. Die Aggression, Bedrohlichkeit und »Rücksichtslosigkeit« sind natürliche Bestandteile der Sexualität.

Ich gebe dazu ein Beispiel. Die Familienaufstellung* (allgemeiner: »Systemaufstellung«) ist eine Methode, mit der

* Wenn Sie sich dafür interessieren, finden Sie in meinen Büchern *Liebe, die löst. Einsichten aus dem Familien-Stellen*, Heidelberg 2002, und *Das Hellinger-Prinzip. Informationen und Klärungen*, Freiburg 2003, anschauliche Schilderungen der Methode, der Erfahrungen und praktischen Ergebnisse sowie der philosophischen Einsichten aus der Aufstellungsarbeit.

die sozialen Beziehungen in einer Gruppe (einer Familie und anderen sozialen Systemen) dargestellt und besonders die unbewussten seelischen Bindungen sichtbar gemacht werden können. Da die Familie die primäre Gruppe ist, in der wir unsere grundlegenden Prägungen erfahren, wird sie besonders in diesem Bereich angewendet. Dabei werden fremde Personen aus dem Kreis der Kursteilnehmer als Stellvertreter für einzelne Familienmitglieder »aufgestellt«. Diese Stellvertreter fühlen innerlich wie die wirklichen Personen, für die sie stehen, sodass Einblicke in unbewusste Familiendynamiken und Bindungen über mehrere Generationen ans Licht kommen.

In Familienaufstellungen kann man oft beobachten, dass mehrere Frauengenerationen einer Familie in sexueller Hinsicht traumatisiert sind, weil in früheren Zeiten eine Frau bei einer Geburt oder an deren Folgen gestorben ist. Es entsteht dann bei den Frauen manchmal das innere Bild, dass der Mann mit seinem Trieb daran schuld sei. Tatsächlich wird damit der Zeugungsvorgang als solcher angeklagt (und damit die Sexualität). Die Lösung ist immer die Achtung dieses elementaren Lebensvorgangs und die Verneigung vor dem Mann und dem Männlichen.

Denn der Mann ist wie die Frau Teil eines sie übergreifenden Vorgangs, der beide – allerdings auf ganz unterschiedliche Weise – in seinen Dienst nimmt und dabei nicht auf Einzelschicksale schaut. Das Vorwärtsdrängende kann und darf nicht zurückschauen, es darf (in diesem Sinne) keine Rück-sicht nehmen. Sonst verfehlt es seine Aufgabe und verliert seine Kraft.

Das ist natürlich bedrohlich, und man sollte dies nicht verniedlichen. Die Sexualität wird heute viel zu sehr als reines Lustinstrument betrachtet, mit dem man spielen kann. Das ist sie gewiss auch, und das sexuelle Spiel ist wichtiger Bestandteil einer Beziehung. Aber genau wie die alte »Erfüllung ehelicher Pflichten« die Sexualität abwertete, indem sie den Aspekt der Freude an der gegenseitigen Entdeckung und der Lust, die damit einhergeht, unterdrückte, so entgeht uns in der heutigen sexualisierten Zeit die Tiefe, die in der Schöpferkraft der Sexualität enthalten ist.

Diese Tiefe hat immer mit Leben und Tod, mit Zerstörung und Zeugung zu tun. Die Sexualität ist nämlich größer als wir, wir sind – wie alles Leben – aus ihr hervorgegangen. Unsere ganze Lebenskraft ist nichts als sexuelle Energie. Mit ihr zu spielen ist ein Spiel mit dem Feuer, es verlangt größten Respekt und große Achtsamkeit, eigentlich sogar Ehrfurcht. Wer sich ihr in dieser Haltung nähert, dem eröffnet sie ungeahnte Freuden und unerwartete Welten. Wenn wir sie nur benutzen wollen, spielt sie mit uns. In diesem Spiel sind wir immer Verlierer.

In einem Familienaufstellungskurs bat ich ein junges Paar, sich anzuschauen. An der Körperhaltung der Frau war abzulesen, dass sie etwas zurückhielt. Das Problem der beiden war, dass sie sich zugleich liebten und bis aufs Messer stritten. Vor allem die Frau empfand sich in diesen Streitsituationen als zerstörerisch, auch sich selbst gegenüber. Als ich ihre Spannung sah, schlug ich ihr vor, zum Mann zu gehen und den Kopf an seine Schulter zu lehnen. Sie tat dies, aber die Spannung im Körper blieb, innerlich hielt sie Abstand. Ich hatte ein Bild vom Tod, ganz diffus, und fragte sie, ob es in ihrer Familiengeschichte etwas Bestimmtes mit dem Tod in Zusammenhang mit Mann und Frau gegeben habe. »Nein«, meinte sie, außer: »Meine Urgroßmutter ist bei der Geburt eines Kindes gestorben.«

Ich bat sie dann, einen Kursteilnehmer als Repräsentanten für »das Männliche« aufzustellen und sich selbst in zwei Metern Abstand ihm gegenüber zu stellen. Ich tat dann nichts mehr. Sie schaute den Mann (das Männliche) lange an und näherte sich ihm dann vorsichtig. Der Mann stand da, als ob er zugleich auch den Tod repräsentierte (ich habe selbst einige Male in der Rolle des Todes gestanden und auch öfter andere in dieser Rolle gesehen, daher kam mir dieses Bild bei der Beobachtung des Stellvertreters; ich teilte es später mit, und die beiden bestätigten, dass es sich so anfühlte). Etwa einen halben Meter vor ihm hielt die Frau in ihrer Bewegung inne.

Während sie »das Männliche« anschaute, konnte man sehen, wie viele Gefühle in ihr kämpften. Tränen traten aus ihren Augen, und schließlich tat sie den letzten Schritt in seine Arme. Dort angekommen, weinte sie heftig. Nach einer Weile beruhigte sie sich und löste sich sanft. Sie blickte den Mann (den Repräsentanten des »Männlichen«) noch einmal an, dann ging sie zurück zum Platz neben ihrem (wirklichen) Mann, schaute ihn an, ließ sich an seine Schulter sinken und kuschelte sich in seinen Arm.

In ihrer Familientradition war das Männliche mit dem Tod assoziiert. Diese Angst trug sie unbewusst in die Beziehung hinein. Sie ließ ihren Mann nicht wirklich an sich heran bzw. traute sich nicht, sich ihm ganz hinzugeben. Der Mann hatte ebenfalls ein Problem mit Nähe, er hatte Angst vor Zurückweisung und Verlust. So entwickelte sich ein schmerzhaftes Gezerre, weil beide sich liebten, aber nicht wirklich zueinander finden konnten.

Das Männliche ist kein Spielzeug. Der Phallus gilt nicht umsonst als kriegerisches Symbol, und er begegnet uns nicht von ungefähr in Gestalt vieler Waffen. Der männliche Phallus *ist* eine Waffe. Er richtet sich auf, drängt vorwärts und sagt mit seiner ganzen Gestalt: Ich dringe ein, ich erobere. Er *muss* eindringen und erobern, sonst verfehlt er seinen Daseinszweck. Und indem er eindringt, verletzt er – sofern das eroberte Territorium bis dahin jungfräulich war, fließt Blut. Aber nur beim ersten Mal und auch da nur ein wenig, was vielleicht zeigt, dass das Eindringen und die damit verbundene Aggression nicht so schlimm sind.

Einmal in Fahrt, treibt es ihn immer weiter vorwärts – er stößt zu, bis er sich schließlich in einer (meist kleinen) Explosion entlädt. Etwas übertrieben könnte man also sagen, dass auch bei der menschlichen Fortpflanzung der Krieg der Vater aller Dinge ist.

Bei vielen Tieren zeigt sich dies noch deutlicher als beim Menschen: Wenn die Zeit reif ist, nehmen sich die Männchen einfach das oder die Weibchen, und dies sieht selten liebevoll und auch wenig lustvoll aus. Es ist einfach ein roher, aggressiver, notwendiger Naturakt. Und auch in der menschlichen Sexualität sind Zärtlichkeit und all die anderen schönen Dinge nur schmückendes (wenn auch entzückendes) Beiwerk. Die Natur kommt ohne sie aus. Aber sie kommt nicht ohne die aggressive Kraft des Männlichen aus.

Wir haben heute vielfach vergessen, dass die Aggression eine lebensnotwendige Kraft ist, die der gesamten Natur zugrunde liegt. Dass das Wort »Penetration« weithin negativ verstanden wird, zeigt, wie lebensfeindlich manche als modern geltende Ideologien sind. »Penetration« (auf Deutsch: »Eindringung«) ist ein Grundprinzip des Lebens, die männliche Seite des Daseins. Ein Mann, der nicht dazu »steht« und nicht in diesem Sinne »seinen Mann steht«, wird ein »Schlappschwanz« genannt.

Das Weibliche

Wenn wir nun von hier aus auf das Weibliche schauen, so zeigt sich, dass es die einzigartige und großartige Fähigkeit hat, die aggressive männliche Kraft aufzunehmen und auf ganz wundersame Weise zu besänftigen und zu verwandeln – in Lust und Leben. Zunächst einmal ist festzuhalten, dass auch das Weibliche die männliche Aggression braucht, um seiner naturgemäßen Bestimmung nachkommen zu können: Leben zu empfangen und auszutragen (selbst eine künstliche Befruchtung ist ein aggressiver Akt, genau betrachtet ein viel aggressiverer als der natürliche).

Anstatt die männliche Aggression zu verdammen, müsste sie also auch aus weiblicher Sicht geachtet und geschätzt werden. Dies umso mehr, als diese Aggression der

Frau Lust bereitet. Allerdings nur dann und in dem Maße, wie sie sich dem Weiblichen, der spezifisch weiblichen Kraft, anvertraut.

Der Natur geht es aber nicht um Lust (diese ist für sie nur Mittel zum Zweck), es geht um die Schaffung neuen Lebens. Leben entsteht, indem die Frau die männliche Aggression lenkt und in sich aufnimmt. Dabei verliert sich die Aggression und wird zugleich fruchtbar, für den Mann wie für die Frau. Offenheit und Empfänglichkeit sind die Natur des Weiblichen, ohne sie gibt es kein Leben. Hingabe ist der weibliche Part im Leben (man kann auch sagen: das weibliche Schicksal), Aggression der männliche. *Beides* wird gebraucht.

Welch gewaltige Dimensionen das annehmen kann, habe ich vor Jahren einmal bei einer Familienaufstellung erlebt. Es ging dabei um die Mutter eines Kursteilnehmers, die am Kriegsende von mehreren russischen Soldaten vergewaltigt worden war.

Die Frau, die diese Mutter als Stellvertreterin repräsentierte, krümmte sich zunächst am Boden, während die Soldaten überlegen und verächtlich vor ihr standen. Nach einer Weile bat ich die Frau, den Vergewaltigern in die Augen zu schauen. Dies fiel ihr zwar zunächst sehr schwer, tat ihr aber sichtbar gut, als sie sich dazu aufgerafft hatte. Einer von den Männern zuckte mit der Schulter und sagte: »Es ist halt Krieg. So ist das eben im Krieg.«

Durch den Körper der Frau ging bei diesen Worten ein Ruck. Sie blickte jetzt richtig auf und sagte: »Sag das nochmal!« Als er den Satz wiederholte, richtete sie sich kerzengerade auf, schaute ihn gerade an und sagte: »Das ist es!« Ich schlug ihr dann den Satz vor: »Ich bin eine Kriegerin. Ich stelle mich.« Sie nickte und sagte dies – nicht aggressiv, sondern ganz ruhig. Die Wirkung war verblüffend: Sie stand fest, stark und würdevoll, während die Vergewaltiger beschämt zu Boden schauten und immer schwächer wurden.

Der Satz »Ich bin eine Kriegerin« hieß hier aber nicht: »Ich schieße auf euch« oder »Ich kämpfe gegen euch«, es hieß: »Ich stelle mich euch als Frau, ich akzeptiere den Part, der den Frauen im Krieg zufällt.« Noch klarer gesagt: »Ich nehme die Vergewaltigung auf mich, ich stelle mich euch zur Verfügung.« Damit fiel die Aggression der Männer in sich zusammen, und die Frau stand in ihrer ganzen weiblichen Würde da. Sie war nicht mehr Opfer, sie war Frau, ebenbürtig mit den Männern.

Ich rechtfertige damit weder die Vergewaltigung noch sonstige Gewalt von Männern gegen Frauen (oder umgekehrt, das gibt es auch, und zwar in gleichem Ausmaß). Gewalt gegen Frauen hat nichts mit der männlichen Aggression zu tun, die ich hier beschreibe. Ich schildere solche Fälle, weil diese Extremsituationen und die Lösungen für die Betroffenen anschaulich machen, wie gewaltig die sexuelle Kraft ist und welche Kraft Frauen haben, wenn sie sich dieser Urgewalt stellen.

Eine gesunde männliche Sexualität hat allerdings nichts mit Gewalt zu tun. Im Gegenteil: Jede männliche Gewalt erschwert der Frau die Öffnung zum Männlichen hin – daher die Bedeutung des »Vorspiels« und der zärtlichen Berührung: Sie schafft bei der Frau das notwendige Vertrauen, dass der eindringende Mann ihre Verletzlichkeit wahrnimmt und achtet, und ermöglicht ihr damit die Öffnung. Dennoch wollen die meisten Frauen die ganze männliche Kraft spüren und manchmal auch einfach nur »genommen« werden. Aber auch das bestimmt im Grunde die Frau. Es gehört zur Kunst des Liebens, dass ein Mann die oft winzigen Signale der Frau wahrnimmt und tut, was sie will, ohne dass sie es ihm sagen muss.

Das Weibliche kommt zu sich selbst durch die Öffnung zum Männlichen und die Hingabe. Indem sich die Frau dem eindringenden Mann nicht widersetzt, sondern ihn offen empfängt, wird seine ursprüngliche Aggression verwandelt in reine Kraft, die bei der Frau deren eigene weibliche Kraft weckt und schließlich in höchstem Verzücken endet.

Nicht nur die Empfängnis, sondern auch der weibliche Orgasmus ist passiv und implosiv, er setzt die Hingabe, das Weichwerden, das Aufnehmen voraus. Durch das Sichöffnen und Sichhingeben erschließt die Frau zugleich das Herz des Mannes. Indem er willkommen geheißen wird, befruchtet der Eroberer das Land.

Da die männliche Aggression eine Naturkraft ist, die die Entwicklung und Fortpflanzung des Lebens erst ermöglicht, ist nichts schädlicher und destruktiver als ihre Verdammung, Verurteilung, Verniedlichung oder sonstige Versuche, sie zu bannen oder zu schwächen. Jede Gegnerschaft führt dazu, dass sie destruktiv wird, jede Schwächung schwächt das Leben selbst.

Umgekehrt führt die im Namen der Emanzipation oft propagierte Vermännlichung der Frau, die Übernahme aggressiv männlichen Verhaltens – auch Sexualverhaltens – dazu, dass Frauen weniger in der Lage sind, das Männliche durch ihre weibliche Fähigkeit der Hingabe und Öffnung zu besänftigen und in wahrhaft fruchtbare Bahnen zu lenken.

Der Mann gibt, die Frau nimmt

Beim Mann liegen die wesentlichen Dinge außen, bei der Frau innen. Der Mann (das männliche Geschlechtsorgan) spannt sich, wird hart und dringt ein, die Frau entspannt sich, wird weich und fließend (flüssig) und nimmt auf. Der Mann explodiert, die Frau implodiert. Und vor allem: *Der Mann gibt* (seinen Samen), *die Frau nimmt.*

Und *indem sie nimmt, verwandelt und transformiert sie.* Sie verwandelt seine aggressive Kraft durch ihr weiches Aufnehmen in Lust (hauptsächlich für sich selbst, denn die weibliche Lust ist, im Gegensatz zur männlichen, von der Hingabe abhängig), und sie verwandelt den Samen in neues Leben. Schließlich gibt sie so ein Vielfaches von dem, was sie genommen hat, zurück, aber *sie kann nur geben, wenn und was sie vorher genommen hat.*

Die Frau kann nicht aus sich heraus geben. Für die Frau steht also das Nehmen an erster Stelle.

Frauen müssen nehmen lernen, der Rest erledigt sich von selbst. Nehmen heißt nicht Habenwollen, Sich-etwas-

Nehmen, es ist nicht dasselbe wie das Konsumieren. Am Grundbild des Nehmens, der Empfängnis, sehen wir, dass es eine schöpferische Handlung ist (auch wenn es passiv geschieht), aus der etwas wächst, was wiederum den Mann bereichert. Wenn eine Frau innerlich in Kontakt geht mit diesem Bild, wird sie ein Gefühl für die Weise des Nehmens bekommen, die die Beziehung bereichert.

Der Mann hingegen *kann nur nehmen, wenn und was er vorher gegeben hat*. Er vermag nicht aus sich heraus zu nehmen, ohne gegeben zu haben. Was er anzubieten hat, muss von der Frau akzeptiert und verwandelt worden sein, ehe er es wieder nehmen kann.

Männer müssen geben lernen, dann bekommen sie alles von selbst – und was sie erhalten, ist ein Vielfaches von dem, was sie gegeben haben. Der Mann darf nichts zurückhalten und nicht fragen, was er für sein Geben bekommt. Er adelt die Frau, indem er ihr alles gibt. Mehr noch: Er macht sie durch seine Gabe erst zur Frau. In dem Moment, in dem ein Mann in sie eindringt und ihr seinen Samen gibt (und sie ihn nimmt), wird sie zur Frau – sonst bleibt sie, wie es früher so schön sinnfällig hieß, ein »Fräulein«.

Daraus ergibt sich noch etwas: *Die Frau gibt, indem sie nimmt.* Ihr Geben entsteht und besteht im vorbehaltlosen Nehmen. *Der Mann bekommt, indem er gibt.* Sein Nehmen entsteht und besteht im vorbehaltlosen Geben.

Ein Mann schwächt oder gefährdet also eine Beziehung, wenn er nicht vorbehaltlos gibt. Eine Frau schwächt oder gefährdet sie, wenn sie nicht vorbehaltlos nimmt. Befindet sich eine Beziehung also in der Krise, wäre es gut, wenn jeder sich fragte: »Gebe ich genug?« bzw. »Nehme ich genug?«.

Das primäre Geben und Nehmen bezieht sich auf die Weitergabe des Lebens, was ja der ursprüngliche, natürliche Zweck der Beziehung ist. Dies bedeutet: Wenn einer der beiden kein Kind möchte, verweigert er das Geben (Mann) oder das Nehmen (Frau). Die Beziehung hält dies nicht aus, sie wird zerbrechen.

Wenn einer der beiden kein Kind bekommen *kann*, entsteht ebenfalls ein großes Problem. Da er nicht zu geben oder sie nicht zu nehmen vermag, fehlt der Ausgleich. Seine Gabe verpufft, oder ihr Nehmen (ihre Bereitschaft zu nehmen) bleibt unerfüllt, ohne Inhalt. Auch diese Beziehung wird wahrscheinlich scheitern. Es besteht aber eine Chance, denn er gibt oder sie nimmt ja, so gut sie können. Wenn der andere dies sieht und anerkennt und derjenige, der unfruchtbar ist, diese Anerkennung als besondere Gabe mit Liebe nehmen kann, ist eine andere Form des Ausgleichs geschaffen, die der Beziehung gut tut.

Die Verweigerung von Geben und Nehmen ist auch ein Grund dafür, dass Abtreibungen für eine Beziehung oft das Ende bedeuten (andere schwere Belastungen, die mit einer Abtreibung einhergehen, habe ich in meinen

Büchern *Liebe, die löst* und *Das Hellinger-Prinzip* beschrieben). Bei einer Abtreibung weist die Frau das vom Mann Empfangene (und zugleich ihr Eigenes) zurück. Wenn der Mann die Abtreibung will, macht er das Gegebene zunichte, er verweigert also das Geben nachträglich (letztlich hat der Mann in diesem Fall aber nicht die Macht, sondern die Frau; deshalb sind die Folgen für sie schwerwiegender). Da das, was zurückgewiesen wird, die Frucht ihrer Beziehung ist, wird mit der Zerstörung der Frucht auch die Beziehung selbst beschädigt, manchmal sogar zerstört. Das kann auch dann der Fall sein, wenn beide die Abtreibung wollten. Ob die Beziehung dann noch eine Zukunft hat, muss man im Einzelfall anschauen – jedenfalls haben viele tiefe Beziehungsprobleme ihren Ursprung in einer früheren Abtreibung.

Bleibt die Frage, was geschieht, wenn beide Kinder bekommen können, aber nicht wollen. Zunächst einmal steht außer Zweifel, dass damit das Geben und Nehmen sehr reduziert wird. Der »Umsatz« ist klein, sie nehmen nicht am ganzen Leben teil, lassen sich nicht voll in seinen Dienst nehmen. Die Beziehung steht nicht im Dienst des Lebens, sondern ist allein auf das Wohlbefinden oder die Sicherheit der Partner ausgerichtet. Das kann funktionieren, aber es hat etwas Karges, Mageres, Leeres. Den meisten Beziehungen dieser Art fehlt etwas, nämlich etwas, worauf sie gerichtet sind, was ihnen eine Bedeutung gibt, die über die beiden Partner hinausweist.

Man kann sich natürlich ein solches gemeinsames Projekt, mit dem beide dem Leben einen anderen, besonderen Dienst erweisen oder auf andere Weise sehr schöpferisch sind, schaffen. Zum Beispiel kenne ich ein Paar, bei dem der Mann Maler ist und die Frau für ihn Ausstellungen etc. organisiert und die Bilder verkauft. Das befruchtet dann auch die Beziehung, weil sie in den Dienst einer gemeinsamen Sache gestellt wird. Andere engagieren sich vielleicht zusammen in einem sozialen Projekt oder etwas Ähnlichem. Dies kann in gewisser Weise ein Ausgleich sein, aber die Bedeutung eines gemeinsamen Kindes für die Beziehung erreicht es nicht. Projekte sind Projekte, gemeinsame Kinder sind etwas anderes. Sie binden einen das ganze Leben lang.

Es gibt natürlich noch viele andere Facetten des Gebens und Nehmens in einer Beziehung. Sie sind allerdings diesen Grundfragen untergeordnet. Das heißt aber nicht, sie seien unwichtig. Besonders wenn schon Kinder da sind, rücken diese anderen Fragen in den Vordergrund. Zum Beispiel ist es nicht nebensächlich, wer das Geld verdient und wie dies gegeben und genommen wird. Wenn eine Frau darauf besteht, ihr eigenes Geld zu verdienen, weil sie sich nicht vom Mann versorgen lassen möchte, leidet die Beziehung. Ebenso, wenn sie das, was der Mann ihr gibt, nicht nimmt. Ihr Frausein leidet, sein Mannsein wird verletzt, und die Beziehung wird geschwächt. Wenn sie eigene Einkünfte hat, sollte sie trotzdem bereit sein, sich vom Mann aushalten und beschenken zu lassen.

Analog gilt für den Mann: Wer sich von einer Frau aushalten und versorgen lässt, hat in der Regel verspielt (es gibt Ausnahmen, zum Beispiel wenn einer krank, behindert oder unverschuldet arbeitslos ist). Und wenn ein Mann nicht alles zu geben bereit ist, wenn er etwa der Frau nur abgezähltes Haushaltsgeld gibt oder ihr für ihre Arbeit eine Art Lohn zahlt, kann man die Beziehung vergessen. Man kann sie ebenfalls vergessen, wenn das Paar einen Ehevertrag abschließt. Die Argumente dafür klingen gut, begibt man sich erst einmal auf diese Ebene, kann man sich ihnen kaum entziehen, aber die Beziehung stirbt, noch ehe die Tinte unter dem Vertrag trocken ist.

Das sind Hinweise, keine in Stein gemeißelten Gesetze. Dass das Männliche sich im Geben erfüllt und das Weibliche im Nehmen, ist freilich ein Grundverhältnis, an dem man nicht rütteln kann. Wie es sich in der Praxis gestaltet, welche gesellschaftlichen Muster und Rollen sich daraus entwickeln und wie diese sich mit der Zeit verändern, ist eine andere Frage. Es macht allerdings Sinn, die Rollen und ihre Veränderung auf ihre Vereinbarkeit mit diesem Grundmuster hin zu befragen bzw. die Folgen solcher Veränderungen für die Frau, den Mann und die Mann-Frau-Beziehung zu untersuchen.

Das in der sexuellen Grundausstattung angelegte Verhältnis von männlichem Geben und weiblichem Nehmen/Umwandeln spiegelt sich auch in der ursprünglichen Weise der Nahrungsbeschaffung und -herstellung bis hin zur traditionellen Rollenverteilung zwischen Mann und Frau. In den alten Stammesgesellschaften gingen die Männer auf die Jagd. Sie erlegten das Wild und brachten es dann den Frauen, die es nahmen und so umwandelten, dass es gegessen werden konnte. Häufig bekamen dann die Männer zuerst zu essen, und der erfolgreichste Jäger erhielt das beste Stück, womit die männliche Leistung der Nahrungsbeschaffung und des Schutzes der Gruppe gewürdigt wurde.

Heute hingegen wird es in vielen Fällen kaum gewürdigt, wenn ein Mann die ganze Woche unterwegs ist, um Geld zu verdienen; eher wird ihm vorgeworfen, sich nicht genug um die Familie und die Kinder zu kümmern.

Auf einem Campingplatz in Slowenien habe ich einmal einen halben Tag lang eine polnische Zigeunersippe, es waren drei oder vier Familien, beobachtet. Ich war fasziniert von den Frauen. Sie waren fortwährend beschäftigt, ohne Unterbrechung. Sie taten das, was man hier »arbeiten« nennt, aber es sah nicht nach Arbeit aus. Sie wuschen, hängten Wäsche auf und wieder ab, falteten sie und packten ein, sie kochten, tischten auf und ab, wuschen das Geschirr und verstauten es. Die Männer kümmerten sich ein wenig um die Autos, verstauten einige Sachen darin, trugen hier und da mal einen schweren Gegenstand; ansonsten saßen sie zusammen und unterhielten sich.

Was mich faszinierte, war nicht die Rollenaufteilung an sich, sondern die Art und Weise, wie sich die Frauen bewegten. Sie strahlten eine unglaubliche Anmut und Würde aus. Sie trugen auch keine Arbeitskleidung, Kittel oder Schürzen oder die auf Campingplätzen so beliebten Trainingsanzüge, auch keine Shorts (es war warm) oder Jeans – nein, sie trugen wunderschöne lange Kleider, natürlich auch Schmuck, und sie waren perfekt frisiert. Es bestand nicht die geringste Gefahr, dass sie beim Arbeiten ihre Kleider beschmutzt oder sonst etwas an ihrer fraulichen Aufmachung in Unordnung gebracht hätten, dazu bewegten sie sich viel zu elegant und selbstsicher. Aber es war eine natürliche Eleganz, keine aufgesetzte. Nach modernem westlichem Verständnis waren sie, gelinde ausgedrückt, in einer traditionellen Frauenrolle gefangen. An jenem Nachmittag habe ich mich gefragt, welche Frauen wirklich gefangen sind. Diese hier schienen mir jedenfalls in Einklang mit sich, ihrem Frausein und ihrer Tätigkeit zu sein.

Mann und Frau sind nicht gleich, und jede Gleichmacherei beraubt sie ihrer natürlichen Vorzüge, entfernt sie von sich selbst und macht sie unglücklich. Wenn jeder beim Eigenen bleibt, ergänzen und vervollständigen sie sich, und sie sind, um am Ganzen teilzuhaben, aufeinander angewiesen. Und zwar sind sie derart aufeinander angewiesen, dass sie den anderen *in seiner Andersheit* belassen und diese achten, schätzen und lieben, denn nur diese Andersheit kann sie das Eigene erfahren und weitergeben lassen. Jeder Versuch, den anderen sich gleichzumachen, die Frauen den Männern oder die Männer den Frauen, beeinträchtigt die eigene Erfüllung.

Diesem natürlichen Verhältnis von Mann und Frau steht das heute verbreitete Ideal der Unabhängigkeit entgegen. Das Ideal hat nichts mit der Wirklichkeit zu tun. Wir sind in keiner Weise unabhängig, sondern unser ganzes Leben ist ein einziges Geflecht von wechselseitigen Abhängigkeiten.

In der Beziehung wirkt die Idee der Unabhängigkeit zerstörerisch. Denn der Mann braucht die Frau, um sich als Mann zu verwirklichen, um als Mann zu sich selbst zu kommen; und die Frau braucht den Mann, um sich als Frau zu verwirklichen und zu sich selbst zu kommen. Die Basis einer guten Beziehung (im Einzelnen wie allgemein zwischen den Geschlechtern) ist daher die Anerkennung und Wertschätzung der gegenseitigen Abhängigkeit. In der Achtung dieser Abhängigkeit kommt jeder zu seinem Eigenen. Und im Erleben und der Erfüllung dieses Eigenen – der eigenen Weiblichkeit durch den Mann und der eigenen Männlichkeit durch die Frau – wird er eins mit sich selbst und frei. Frei, aber nicht unabhängig!

Männliche und weibliche Kreativität

Nehmen wir das Beispiel Kreativität. Das Urbild von Kreativität ist die Schaffung von Leben. Dazu braucht es beide, Mann und Frau.

Die Frau hat dabei den passiven Part. Sie ist abhängig davon, dass der Mann ihr den Samen gibt (sie kann – vielleicht muss man heute sagen: konnte – ihn sich noch nicht einmal mit Gewalt beschaffen und einverleiben, während der Mann seinen Zeugungszweck sehr wohl gewaltsam durchsetzen kann). Ihre Kreativität kommt also nicht aus ihr selbst, sondern durch den Mann, dadurch, dass sie nimmt, was er ihr gibt.

Der Beitrag des Mannes zur Schöpfung kommt hingegen ganz aus ihm selbst – allerdings reicht das nicht. Ohne den Schoß der Frau vertrocknet sein Beitrag, erst die Frau verwandelt ihn in etwas Neues, Eigenes, Ganzes, Fruchtbares, das dann aus sich heraus wachsen und leben kann. Aber er kann die Frau im Extremfall dazu nehmen und benutzen, auch wenn sie nicht will, während sie aktiv nichts beitragen kann. Ihr Beitrag geschieht, ob sie will oder nicht.

Um es an einem Bild aus der Industrie zu verdeutlichen: Er ist der Rohstofflieferant, das Bergwerk oder der Ölbohrturm, sie ist die Fabrik. Seine Kreativität besteht im Hervorbringen, ihre im Umwandeln.

Wenn wir von diesem Bild aus auf die Kreativität in Kunst, Kultur und Wissenschaft schauen, so nimmt es nicht wunder, dass sie von Männern dominiert ist. Mit der Unterdrückung der Frau hat dies nur am Rande zu tun. Frauen sind oder waren zwar auch in dieser Hinsicht benachteiligt, weil sie zum Beispiel nicht die gleichen Bildungschancen hatten wie Männer, aber das ist nur die eine Seite der Medaille. Die andere – wie ich meine: wichtigere – ist, dass die schöpferische, impulsgebende Kreativität nicht ihrer Natur entspricht.

In der Musik zum Beispiel gibt es durchaus viele hervorragende und berühmte Interpretinnen (Sängerinnen und Instrumentalistinnen), aber so gut wie keine Komponistinnen oder Dirigentinnen. Und in der Literatur und Malerei findet man so gut wie keine wirklich großen Werke von Frauen, obwohl sie sprachlich, handwerklich und musisch begabter sind als Männer, bei der Umsetzung und Nutzung der Kunst eine bedeutende Rolle spielen und es in der Unterhaltungsliteratur ebenso viele weibliche wie männliche Autoren gibt.

Hinzu kommt: Ihre eigentliche Kreativität, Leben in sich wachsen zu lassen und Kinder ins Leben zu begleiten, ist den meisten Frauen immer noch wichtiger. Wenn sie jetzt versuchen, den Männern im gesellschaftlichen Wettbewerb gleich zu werden, verlieren sie ihre Weiblichkeit. Man kann dies übrigens an den Frauen sehen, die in diesem Sinne erfolgreich waren und sind.

Die Kreativität der Frau besteht darin, das Männliche zu nehmen und es durch ebendieses Nehmen zu verwandeln. In ihr kommen die Gegensätze, kommen Plus und Minus zusammen, und es entsteht etwas Neues – und zwar geschieht dies, ohne dass sie etwas tut. Sie muss nur bereit sein, zu nehmen und durch ebenjenes Nehmen den Beitrag des Mannes zu würdigen.

Wenn dies wieder in den Blick käme, könnte sich vielleicht auch für die gesellschaftliche Rolle der Frau eine weibliche Perspektive entwickeln. Diese bestünde weder im Nachahmen noch im Wetteifern oder im Kampf mit den Männern, sondern in der Aufnahme und Umwandlung der männlichen Impulse. Das würde der Gesellschaft ihre Härte nehmen und die Frau Frau bleiben lassen.

In der Beziehung bedeutet dies, dass sie das Männliche, auch in seiner anfänglichen Rohheit, nimmt, anstatt es zu bekämpfen, abzuwerten und zu kastrieren. Dass sie ihrer weiblichen Fähigkeit der Verwandlung durch Hingabe vertraut. Der Sexualakt liefert das Urbild dessen, welche Kräfte zwischen Mann und Frau wirken, welche die spezifisch männlichen und die spezifisch weiblichen sind und welche Kraft sie zusammen entfalten können, wenn jeder seinen Part wahrnimmt.

Ein weiterer wichtiger Aspekt der weiblichen Kreativität ist das Warten. Während der Mann seinen Beitrag nur durch aktives Tun, durch Handeln leisten kann, besteht der Beitrag der Frau im Warten. Zuerst wartet sie, ob sie schwanger geworden ist – sie kann nichts dazu beitragen –, dann wartet sie neun Monate lang auf die Geburt, ohne etwas tun zu können, und auch die Geburt kann sie nicht »machen«. Im Gegenteil: Jedes eigene Tun der Frau gefährdet den Prozess, ihr Beitrag besteht allein im Warten und Geschehenlassen, in der Hingabe an den natürlichen Lauf der Dinge. Das ist eine weibliche Urerfahrung, und darin liegt eine einzigartige Fähigkeit und Qualität.

Weibliche und männliche Verletzbarkeit

Mann und Frau sind verschiedenen Risiken und Verletzbarkeiten ausgesetzt, wenn sie sich ihrer jeweiligen geschlechtlichen Natur anvertrauen. Die Risiken sind so unterschiedlich wie die Geschlechter selbst.

Das Risiko der Frau besteht darin, dass sie vergeblich wartet, und im Ausgeliefertsein gegenüber äußerer Gewalt (der Natur oder des Mannes).

Zum Beispiel könnte sie übersehen, vom Mann gar nicht wahrgenommen und nicht auserwählt werden (wer noch die Erfahrung alter Tanzstunden gemacht hat, weiß um diese Angst); beim Sex könnte er ihr wehtun, bei der Schwangerschaft oder der Geburt könnte etwas schief gehen, ohne dass sie es zu beeinflussen vermag. Sie kann das Kind verlieren und im schlimmsten Fall selbst dabei sterben. Im sexuellen Akt ist sie der potenziellen Gewalttätigkeit des Mannes ausgesetzt, sie ist ihm im Grunde völlig ausgeliefert – und bei der Schwangerschaft und der Geburt der Macht und Urgewalt dieses Prozesses unterworfen.

Diese Erfahrung haben viele Frauen gemacht, und sie ist im Unterbewusstsein einer jeden gegenwärtig. Der ganze Prozess, von der ersten Begegnung mit einem Mann bis zur Geburt eines Kindes, ist für die Frau ein Vorgang des Ausgeliefertseins.

Das Risiko des Mannes besteht darin, abgewiesen zu werden. Auch dies und die Angst davor kennen alle Männer, besonders die jungen, wenn sie sich einem Mädchen gegenüber zeigen. Er muss (musste früher) den ersten Schritt machen, und wenn er sich unbeholfen anstellte, wurde er vielleicht ausgelacht; wenn er etwas verkehrt machte oder auf die Falsche zuging, fing er sich vielleicht eine Ohrfeige oder zumindest eine verbale Abfuhr ein.

Der Mann entblößt sich als Erster und ist, obwohl körperlich überlegen, gerade durch seine Körperlichkeit sehr verletzbar. Während nämlich die Frau ihre Wünsche und ihr sexuelles Begehren sehr gut verstecken kann, ist beim Mann alles offensichtlich. Jede kann sehen (oder, zum Beispiel beim Tanzen, fühlen), wenn er erregt ist. Seine Lust ist, im Gegensatz zur Frau, von Anfang bis Ende ein offenes Buch.

Die Verletzbarkeit des Mannes betrifft aber nicht seinen Körper (wie bei der Frau), sondern seine Seele. Körperlich kann er sich prima schützen, aber sein Inneres zeigt sich über seinen Körper. Männliche Grobheit, ja sogar Gewalt, ist meistens der Versuch, sich über diese Verletzlichkeit hinwegzusetzen, sie nicht zeigen und auch selbst nicht wahrnehmen zu müssen. Dahinter stecken ebenso schmerzliche Erfahrungen des Ausgeliefertseins (auf einer subtileren Ebene) und, vor allem, der Zurückweisung wie bei Frauen.

Beim Mann liegen die Geschlechtsteile außen, bei der Frau innen. Seine Erregung und sein Orgasmus sind offensichtlich, bei ihr ist dies alles verborgen. Das heißt auch: Sie kann täuschen, er nicht. Die Täuschung ist eine wichtige Waffe der Frau. Sie benutzt sie, um Verletzungen zu vermeiden, und kann sie auch als Machtmittel einsetzen. Die männliche Vermeidungsstrategie ist Aggression und/oder Gefühlsverleugnung, die weibliche Täuschung und Verführung. Dabei nutzt die Frau die Macht des Opfers – sie kann nichts dafür, der Aggressor ist der Böse. In Wirklichkeit sind beide gleich böse oder nicht böse – sie nutzen die ihnen zur Verfügung stehenden Mittel, um nicht verletzt zu werden.

Dieser körperliche Unterschied der Sichtbarkeit und Unsichtbarkeit wirkt sich auch jenseits der Themen Verletzung und Macht auf das jeweilige Verhalten aus. So sind Frauen grundsätzlich indirekter, verhaltener, geheimnisvoller, unberechenbarer; während Männer direkter, klarer, berechenbarer und durchschaubarer sind. Da dies in ihrer geschlechtlichen Natur begründet ist, führt es zu nichts, sich dies gegenseitig vorzuwerfen, zu diskutieren, was besser ist, oder sich das jeweils andere anzutrainieren. Es wäre viel sinnvoller, beiden das Ihre zu lassen und die darin enthaltenen Ressourcen so zu nutzen, wie die Natur uns ausgestattet hat.

Kommen wir noch einmal zur männlichen Angst vor Zurückweisung und zu seiner Unsicherheit hinsichtlich seines Platzes an der Seite der Frau und in der Familie. Auch auf das, was mit seinem Samen geschieht, hat der Mann keinen Einfluss mehr, wenn er ihn einmal »abgeliefert« hat. Die Frau kann das Kind zum Beispiel abtreiben, sie kann es, indem sie sich selbst schlecht behandelt, schädigen, kann damit weggehen, sogar sagen, es sei nicht sein Kind, oder ihm ein anderes unterschieben (tatsächlich liegt die Zahl untergeschobener Kinder in Europa in der Gegend von zehn Prozent). Auch das alles sind Arten der Abweisung.

Vor einiger Zeit hörte ich von einer Bekannten, dass sie es einem Mann mal richtig gegeben habe, der ihr mit seinen wiederholten (telefonischen) Annäherungsversuchen (Einladungen zu gemeinsamen Unternehmungen) lästig geworden sei. Manche Männer scheinen wirklich penetrant und mehr als unsensibel zu sein, und Frauen müssen sich dann wohl sehr deutlich abgrenzen. Das verstehe ich. Aber warum müssen sie ihnen böse sein? Warum können sie die Werbungsversuche nicht würdigen, auch dann, wenn sie keine Lust auf den Betreffenden haben? Warum kann eine klare Zurückweisung nicht ebenso freundlich wie bestimmt sein? Was ist schlecht daran, wenn ein Mann eine Frau umwirbt?

Ich höre oft, dass Frauen empört sind, wenn ein Mann sich ihnen in »eindeutiger Absicht« nähert, sie »anbaggert« etc. Dabei wollen die meisten Frauen »angebaggert« werden. Es muss halt nur »der Richtige« sein, und vielleicht muss er auch noch den passenden Ton treffen. Aber vom »Richtigen« lassen sie sich auch manch schrägen Spruch gefallen.

Doch woher weiß ein Mann, ob er der Richtige ist, ob die Frau auf ihn steht? Gewiss, es gibt kleine Signale, aber viele Frauen verstehen sich meisterhaft darauf, ihre Signale so zu setzen, dass »Mann« nicht genau weiß, wo er dran ist. Das ist ja auch ein Reiz des Mann-Frau-Spiels.

Ob er es nun wissen kann oder nicht: Genau betrachtet ist jede männliche Annäherung an eine Frau eine Würdigung des Weiblichen in ihr. Auch und gerade dann, wenn er »nur das Eine« will. Er erkennt, wie es in der Bibel heißt, die Frau in ihr. Dafür könnte die Frau ihm dankbar sein – und ihm dann, sofern er (oder seine Form der Annäherung) ihr nicht passt, sagen, sie schätze es, dass er sie gewählt hat, sie möchte aber nicht. Das kann man sehr klar und ebenso freundlich machen.

Welche Änderung im Klima zwischen Männern und Frauen würde eintreten, wenn die Frauen eine männliche »Anmache« nicht als unfreundlichen Akt, sondern als Würdigung ihrer Weiblichkeit ansähen und ebenfalls würdigten?! Jeder Mann könnte eine so ausgesprochene Ablehnung gut verkraften. Er wäre sicher enttäuscht, vielleicht auch traurig, aber er träte bei weiteren Versuchen den Frauen mit mehr Achtung entgegen.

Wenn er aber mit Empörung zurückgewiesen wird,

wird er sich mit der Zeit immer cooler geben oder raffinierter vorgehen und so wenig wie möglich von seiner Verletzlichkeit, seiner Bedürftigkeit und seinen wahren Gefühlen zeigen – er wird ein »typischer Macker« oder ein penetranter Schleimer werden.

Ich will hier nicht die Männer verteidigen – wenn sie unsensibel, gefühllos, aufdringlich etc. sind, ist das ihre eigene Verantwortung, und sie sollten sich ihrer Verletzlichkeit ebenso stellen wie die Frauen. Aber Frauen haben in Beziehungsfragen in den letzten dreißig Jahren eine Meinungsführerschaft errungen, die nicht selten dazu beiträgt, dass die Fronten zwischen den Geschlechtern härter werden, anstatt aufzuweichen, oder die Fehler nur bei den Männern sieht.

Da Männer eher agieren und Frauen eher reagieren, da beim Mann alles sichtbarer ist als bei der Frau, wird ihm oft die Schuld angelastet, während die subtileren Verletzungen durch Frauen nicht so leicht gesehen werden. Sicher gehen viele Männer grob und respektlos auf Frauen zu, aber Frauen sind sich der männlichen Verwundbarkeit oft nicht bewusst und reagieren sehr scharf und verletzend. Im Falle einer sexuellen Annäherung durch einen Mann wäre es ganz einfach, wenn die Frauen dies, wie soeben beschrieben, würdigten, ob sie nun darauf eingehen wollen oder nicht. Ich bin sicher, die meisten Frauen würden sehr viel vermissen, wenn die Männer ihnen nicht mehr »nachstellten«.

Auch in vielen Ehen oder festen Beziehungen sehen Frauen es als ihr Recht an, eine sexuelle Annäherung des Mannes abzuweisen. Das ist vollkommen in Ordnung! Niemand ist eines anderen Besitz, muss ihm zu Diensten sein oder Lust haben, wenn der andere Lust hat. Aber in ebenso vielen Beziehungen brennt der Baum lichterloh, wenn eine Frau Sex möchte und der Mann hat keine Lust und sagt nein.

Gleichberechtigung hat auch eine Rückseite. Männer haben genauso ein Recht auf ihren Körper und ihre Bedürfnisse wie Frauen, und genau wie diese dürfen sie auch nein sagen, wenn sie keine Lust haben. Dass der Mann nicht mehr so will oder kann wie früher, ist ein seit einigen Jahren immer häufiger auftauchendes Thema in einschlägigen Illustrierten und Frauenzeitschriften. Aber – um es einmal salopp und ein wenig verallgemeinernd zu formulieren – wenn man ihn erst entmannt, aus ihm einen braven Haushaltsgehilfen macht, der im Sitzen zu pinkeln hat, und ihm bei unerwünschter Annäherung »Sexist« entgegenschleudert, darf man sich auch nicht wundern …

Große Männer – große Frauen

Wenn Frauen sich in meinen Kursen über ihre Männer beklagen (Männer beschweren sich seltener über ihre Frauen, sie arbeiten auch nicht so sehr an Beziehungsthemen), dann kreisen diese Klagen um zwei Vorwürfe: dass sie sich nicht genug um die Familie kümmern, vor allem aber, dass sie »keine richtigen Männer« mehr sind.

Sehr viele Frauen möchten ihre Partner »männlicher«

haben, denn männliche Männer sind attraktiver; zugleich würden sie ihnen das eine oder andere maskuline Verhalten aber gern aberziehen (und tun dies auch nicht ohne Erfolg), denn männliche Männer sind nicht pflegeleicht. Ein Hausmann für tagsüber und ein Mann für die Nacht – das wäre die Ideallösung. Es gibt natürlich auch das Pendant: eine brave Hausfrau und Mutter für den Tag und eine »Hure« für die Nacht.

In diesen heimlichen Traumbildern liegt etwas Wichtiges verborgen: Die wirkliche Frau und der wirkliche Mann machen Angst. Sie/er fordert nämlich heraus. Wenn man sich ihr/ihm stellt, stellt man sich der Naturkraft des Weiblichen und des Männlichen – im anderen wie in sich selbst. Das ist unbequem und umso beängstigender, je mehr wir uns von unserer eigenen Natur entfernen. Um die Konfrontation mit sich selbst und mögliche Verletzungen zu vermeiden, greift man den anderen an oder versucht, ihn klein zu machen. Aber nur große Männer können Frauen begeistern und beglücken, und nur große Frauen können Männer beglücken.

Beide, Mann wie Frau, haben ein bestimmtes Risiko, wenn sie sich dem natürlichen Prozess überlassen. Jeder hat seinen spezifischen Beitrag, seine besondere Art der Kreativität und sein eigenes Risiko. Sie kommen zu sich selbst und zu ihrer Kreativität, wenn sie dem zustimmen.

Sie sind sich »gleich in ihrer Verschiedenheit«, und ihre Verbindung wirkt schöpferisch, *weil* sie unterschiedlich sind – und zwar nicht ein bisschen, sondern ganz und gar verschieden. Wenn die Unterschiedlichkeit abgewertet, missachtet oder verwischt wird, verlieren beide; wenn sie gewürdigt und gepflegt wird, gewinnen alle. Die Frage ist, wie die Partner in einer Beziehung die Kraft aufbringen, diese Unterschiedlichkeit auszuhalten, zu würdigen und vielleicht sogar zu fördern, und zwar bei sich selbst wie beim Partner. Diese Frage führt uns zu unseren Eltern – die Frau zur Mutter und den Mann zum Vater.

Das Männliche kommt vom Vater, das Weibliche von der Mutter

Ich kann den anderen nur achten, wenn und soweit ich mich selbst achte. Ich kann das Eigene, das Besondere des anderen nur würdigen, wenn ich auch mein Eigenes würdige. Ich vermag den anderen auch nur dann zu lieben, wenn ich mich selbst liebe. Ich kann als Mann das Weibliche und die Frau nur achten und lieben, wenn ich das Männliche und den Mann in mir achte und liebe. Und als Frau kann ich das Männliche nur achten und lieben, wenn ich das Weibliche und die Frau in mir achte, würdige und liebe. Und ich darf von meinem Partner nur das erwarten, was auch ich zu geben bereit bin – und zwar ihm wie mir selbst.

Jede Beziehung, jeder tiefere Beziehungskonflikt wirft uns letztlich auf uns selbst zurück, konfrontiert uns mit der Frage: Stimme ich mir selbst zu, wie ich bin? Mag ich mich, liebe ich mich, wie ich bin?

Wir erwarten dies vom Partner: dass er uns liebt, wie wir sind, uns zustimmt, wie wir sind, uns achtet, wie wir sind. Wie kann er das, wie können wir so etwas erwarten, wenn wir es uns selbst nicht geben? Frauen erwarten vom

Mann, dass er das Weibliche achtet. Wie kann er das, wenn sie es selbst nicht schätzen, vielleicht sogar verachten? Man sage nicht, dies treffe nicht zu – es ist die Regel! Wie können Männer erwarten, dass die Frauen sie achten, wenn sie selbst das Männliche nicht mehr schätzen und es nicht mehr wagen, Männer zu sein?

Richtige Männer

Was ist ein »richtiger Mann«? Ein Arnold Schwarzenegger oder eher ein Brad Pitt, ein Mario Adorf, Klaus Kinski, ein Heinz Erhardt oder Harald Schmidt? Oder einer wie mein Nachbar, der fünf Kinder hat mit einer Frau, mit der er nicht viel redet, etliche Enkel, dessen Leben sich aber hauptsächlich um seine Arbeit gedreht hat und der sich auch mit Parkinson und fast achtzig Jahren bei jedem Wetter um seinen großen Garten kümmert und mit siebzig noch in aller Ruhe seine tausend Quadratmeter Wiese mit der Handsense mähte? Und was ist mit den Sanften, den Schmächtigen? Wo ist ihr Platz in der Männergalerie?

Ein richtiger Mann ist einer, der sich selbst zustimmt, wie er ist.

Das ist alles. Es gibt kein Vor-bild – außer einem: der eigene Vater. Aber nicht als Ideal, als anzustrebendes Vorbild, sondern als reale Kraft, die in einem wirkt. Ein richtiger Mann ist daher auch einer, der seinem Vater zustimmt – so, wie er ist.

Beim Familien-Stellen gibt es ein schönes Ritual, das dies sinnfällig macht: die Männerreihe oder die männliche Ahnenreihe. Man stellt einem Mann seine Väter – den eigenen Vater, dessen Vater, dessen Vater usw. – in den Rücken. Oder den Vater, beide Großväter, die vier Urgroßväter etc. Wenn die Verstrickungen, die dort möglicherweise bestanden, gut gelöst sind, wenn alle auf ihrem Platz anerkannt sind, dann kann man, ohne dass irgendeiner irgendetwas macht, zwei erstaunliche Bewegungen beobachten: Der Mann, der seine männlichen Ahnen im Rücken hat, beginnt buchstäblich zu wachsen. Er strahlt eine große Würde und Kraft aus, und zwar eine bestimmte, aber ruhige, gelassene, fast sanfte Kraft, die aus dem Einklang mit sich selbst kommt. Die zweite Bewegung findet bei den Frauen statt, die eine solche Aufstellung beobachten: Sie bekommen leuchtende Gesichter. Ausnahmslos berichten sie, dass der Anblick dieser Männerreihe ihr Interesse weckt und ihr Herz erwärmt.

Die Männer, die dort stehen, sind ganz gewöhnlich: klein oder groß, dick oder dünn, kräftig oder schmächtig, hart oder weich. Es hat nichts mit dem Typ zu tun, nichts mit einer bestimmten Art von Männlichkeit. Es liegt an der Kraft, die durch alle fließt und sich durch sie – in ganz unterschiedlicher Form – ausdrückt, und vor allem an der Zustimmung zu dieser Kraft. Man kann in einer solchen Aufstellung tatsächlich spüren, wie die Kraft des Männlichen durch all die Männer hindurchströmt. Indem man sie nimmt, wie sie ist, wird sie einem zuteil. Da sie durch die Väter weitergegeben wird, heißt dies, dass man die Väter so nimmt, wie sie sind. Dann ist man ganz Mann.

Der Einklang mit dem Männlichen kommt für den Mann aus der Zustimmung zum Vater, ganz unabhängig davon, was der für ein Mensch war, wie er sich verhalten hat, ob er ein starker oder schwacher Mann war. Aus der Zustimmung kommt die Kraft.

Dazu muss ein Mann sich oft der Mutter entziehen, vor allem, wenn diese die Männlichkeit des Vaters abgelehnt und dem Jungen heimlich signalisiert hat, er dürfe nicht so werden wie sein Vater – dann muss der Sohn sich bewusst an die Seite des Vaters stellen und der Mutter zumuten, dass er ein Mann ist wie dieser und so sein darf wie dieser.

Das ist ein schwerer Weg, denn die Mehrzahl von uns sind Muttersöhne. Die einen vielleicht mehr und die anderen vielleicht weniger, aber die meisten hat die Mutter in ihren Bannkreis gezogen. Im Sohn kann die Frau nämlich das Männliche auf eine für sie gefahrlose Art lieben. Söhne sind nicht grob, tun ihr nicht weh, wollen nicht »das Eine« von ihr – der Sex und die ganzen Risiken, die damit für die Frau verbunden sind (zumindest bis zur Erfindung der Pille verbunden waren), bleiben außen vor.

Daher nehmen Söhne im Herzen der Mütter oft einen besonderen Platz ein – den des Mannes (das ist das weibliche Pendant zum sexuellen Missbrauch der Tochter durch den Vater, nur dass der Mutter-Sohn-Inzest zwar sexuell gefärbt sein kann, aber generell eher emotional ist, während der zwischen Vater und Tochter explizit sexuell ist). Der Sohn kommt damit in eine besondere Position – er fühlt sich dem Vater heimlich ebenbürtig oder gar überlegen. Hinzu kommt, dass die Präsenz des Mannes in den meisten Familien unterentwickelt ist. Mit Präsenz meine ich nicht nur die Zeit seiner Anwesenheit. Ein Mann kann auch dann eine hohe Präsenz in seiner Familie haben, wenn er die Woche über kaum zu Hause ist. Es hängt zum größten Teil davon ab, ob die Frau ihn als ihren Mann und den Vater der Kinder achtet. Denn die Frau ist das Gravitationszentrum der Familie, ihr Verhältnis zum Mann bestimmt entscheidend dessen Position.

Für den Sohn, der (teilweise) in die Position seines Vaters kommt, ist dies sehr verführerisch: Er fühlt sich größer, als er ist, denn er hat bei Mama einen besonderen Platz. Das hat viele Facetten und Konsequenzen, ich will hier nur die wichtigste erwähnen: Damit entgeht ihm ein entscheidendes Stück Männlichkeit – er erlebt sein Mannsein immer durch die Brille der Frau. Solange er nicht innerlich zum Vater geht, wird er es nicht aus sich heraus kennen lernen. Er braucht die Bestätigung der Frau, dass er ein Mann ist. Das ist eine ungesunde Abhängigkeit, eine Abhängigkeit mit Suchtcharakter.

Was dabei herauskommt, konnte ich kürzlich im Flugzeug bestaunen. Die Stewardess hatte mir eine Zeitschrift angeboten, *Men's Health*. Schon der Titel zeigt den Identitätsverlust. Übersetzt heißt er »Die Gesundheit der Männer«. Eine Zeitschrift mit solch einem Titel würde natürlich niemand kaufen, also gibt man dem Kind einen amerikanischen Namen. Und worum geht es? Um – noch ein Amerikanismus – »Fitness« zum Zwecke der weiblichen Lustbefriedigung. Alles dreht sich um Sex, aber um eine ganz bestimmte, moderne Art von Sex. Die Muttersöhne haben das Kommando: Was kann und soll und muss »Mann« alles tun (Stichwort »Workouts«), um einen perfekten Körper zu bekommen und »Frau« mit diesem Körper befriedigen zu können? Wie Letzteres am besten geht, lassen sich die jungen Herren von weiblichen Gastautorinnen einflüstern. Dahinter steckt der innere Zwang aller Muttersöhne: Wie kann ich Mama glücklich machen? Mit Männlichkeit und männlicher Gesundheit hat dies nichts zu tun.

Die Männer sind dabei, zu Trotteln und weiblichen Spielzeugen zu werden. Jüngst habe ich in der Wochenendbeilage des *Kölner Stadt-Anzeigers* ein eindrucksvolles Feature über die »systematische Vertrottelung des Mannes in Frauenzeitschriften, Filmen oder Werbespots« gelesen (geschrieben von einer Frau). Männer werden demzufolge fast nur noch als »unsensible Idioten« oder als »Lustobjekte« dargestellt.

Dies ist nicht nur (aus männlicher Sicht) bedauerlich (aus weiblicher übrigens auf längere Sicht vielleicht noch bedauerlicher), sondern in mehrfacher Hinsicht sehr gefährlich. Es könnte dazu führen, dass sich die naturgegebene männliche Aggressivität gewalttätig entlädt. Das kann ganz unbewusst und hinter aller Rücken geschehen – und tut dies vielleicht schon. Vielleicht geht die Suche nach den Ursachen für die zunehmende Gewalt junger Männer in eine ganz falsche Richtung, möglicherweise schießt sich in verrückten Gewaltakten junger

Männer eine verzweifelte, verkrüppelte Männlichkeit ihre Bahn. Und es ist auch in anderer Weise gefährlich: Wenn die männliche Kraft entwertet wird und verloren geht, geht die Gesellschaft ein.

Es mag sein, dass dies, wie die Autorin mutmaßt, eine Folge des Feminismus sein kann. Eher noch dürfte es eine Folge der Dominanz der Frau in der Familie und den Erziehungsinstitutionen sein. Bis zum Ende der Grundschule begegnet ein Junge dort ja kaum einem erwachsenen männlichen Geschlechtsgenossen – und wenn doch, ist es meistens einer, der vor den Frauen kuscht. Das ändert aber nichts daran, dass die Männer selbst schuld sind, wenn sie so mit sich umgehen lassen. Es liegt ganz allein an ihnen, ob sie sich zu sich selbst und ihrer Männlichkeit bekennen – mit dem oder ohne den Beifall der Frauen. Dazu müssen sie innerlich den Weg zum Vater gehen.

Der innere Weg von der Mutter zum Vater und, allgemein, zu den Männern wurde früher in den Initiationsritualen vollzogen. Heute muss ihn jeder Mann allein gehen. Vor allem Frauen können ihm dabei nicht helfen!

Es ist kein leichter Weg – nicht nur für die, deren Vater selbst schwach, in seiner Männlichkeit verkrüppelt, vielleicht durch Krieg und Gewalt traumatisiert, eventuell sogar verbrecherisch war. Auch für alle anderen erfordert der Schritt aus dem Bannkreis der Mutter den ganzen Mann. Bei der Mutter kann ein Mann immer klein, immer Kind, immer ein Junge bleiben; beim Vater muss er erwachsen werden.

Künstliche Initiationsrituale, wie sie oft in Selbsterfahrungsgruppen angeboten werden, helfen dabei kaum. Sie sind kulturell nicht mehr eingebunden, ihnen entspricht keine kulturelle Realität. Daher können sie keine männliche Identität stiften. Nachhaltig stärkend sind sie nur, wenn sie einem den Weg zum Vater eröffnen. Diesen inneren Weg kann man jederzeit gehen, auch dann noch, wenn der Vater schon lange tot ist. Er ist für jeden Mann wichtig.

Richtige Frauen

Für Frauen gilt das Gleiche. Heute ziehen viele Frauen ihr Selbstbewusstsein aus dem Kampf gegen das Männliche oder aus ihrer Durchsetzungsfähigkeit in männlichen Domänen. Das ist ein aufgesetztes Selbstbewusstsein, es hat innerlich keine Kraft, ist innerlich hohl. Dies vor allem dann, wenn damit eine (offene oder heimliche) Abwertung des Weiblichen, wie es durch die Mutter gelebt und repräsentiert wurde, einhergeht.

In der modernen weiblichen Außendarstellung gibt es einen merkwürdigen Widerspruch: Das Weibliche, die »Große Mutter«, die »Göttin« – mit einem Wort: das Ideal – wird angebetet, aber die konkrete Frau, die Mutter, die sich, anstatt berufstätig zu sein und die Kinder anderen zur Erziehung zu überlassen, selbst um ihre Kinder kümmert und »nur« Hausfrau ist, wird allenfalls mitleidig belächelt und oft genug heimlich verachtet.

Ebenso die eigene Mutter, die aus Fleisch und Blut. Sie wird hingenommen, vielleicht auch ob ihres bedauerlichen weiblichen Schicksals bemitleidet, aber sie wird nicht genommen. Die moderne Frau fühlt sich als die bessere Frau, der Mutter überlegen – und damit schneidet sie sich von ihrer Weiblichkeit ab.

Das kommt zum Vorschein, wenn man der Mutter in die Augen schaut und ihr sagt: »Mama, ich bin besser als du.« Man kann dies als inneren Vorgang, in der gesammelten Vorstellung machen oder aber im Rahmen einer Aufstellung, indem man eine Frau als Stellvertreterin für die Mutter nimmt und sie als die Mutter anschaut.

Wenn man der Mutter mit diesem Satz in die Augen schaut, hält niemand diesen Anspruch »Ich bin besser« durch. Es wird vollkommen klar, dass er illusionär ist und die Tochter von der Mutter trennt. Statt dass die Tochter mit diesem Anspruch stark wird, bleibt sie ein trotziges Kind. Erst wenn sie sich der Überlegenheit der Mutter beugt, sich vor ihr verneigt, kommt sie wirklich zu ihrer Stärke als Frau. Dann braucht sie übrigens auch nicht mehr für andere Frauen und deren Rechte zu kämpfen, das sind nämlich alles Kämpfe um und für die Mutter. Wer die Mutter nimmt, hat solchen Unfug nicht mehr nötig.

Eine richtige, eine starke Frau ist eine Frau, die sich selbst und ihrer Weiblichkeit zustimmt. Nicht als etwas Besonderes, als etwas, worauf man stolz sein dürfte – also, als ob dies besser wäre, als ein Mann zu sein. Man ist einfach einverstanden damit. Dieses Einverständnis mit der eigenen Weiblichkeit entsteht und wächst in dem Maße, in dem eine Frau ihrer Mutter zustimmt, wie sie ist. Alles

Weibliche kommt durch die Mutter, kein Weg führt um sie herum.

Es geht dabei nicht darum, einem bestimmten Frauenbild zu entsprechen. Solche Bilder wandeln sich ständig. Alle Vor-bilder entfernen einen von sich selbst.

Auch die Mutter oder die Großmutter wirkt als Vorbild nicht stärkend, auch sie lassen einen, wenn man sie als Vorbild vor sich herträgt oder zu erreichen sucht, nicht zu sich selbst kommen. Aber durch ihre weiblichen Vorfahren, vor allem durch die Mutter, hat jede Frau das Weibliche bekommen, und sie ist ihnen allen in ihrem Schicksal verbunden. Indem sie ihnen zustimmt, wie sie sind, und ihren Erfahrungen, ihrem jeweiligen Leben und Schicksal so zustimmt, wie es war, stimmt sie sich selbst als Frau zu.

Dem Muttersohn entspricht die Vatertochter. Die schönsten, bezauberndsten, verführerischsten Frauen sind Vatertöchter. Sie haben halt schon früh gelernt, wie man Papa um den Finger wickelt. Auch der Mann kann in der Tochter das Weibliche gefahrloser lieben als in der erwachsenen Frau. Das mag ganz unschuldig und harmlos sein (und ist es in den meisten Fällen auch), es kann aber ebenso bis zum Inzest führen. Sexuell missbrauchte Töchter sind meist Vatertöchter, und sie bleiben als Erwachsene in der Rolle des Opfers oder der Verführerin.

Meistens zieht der Vater sich von der Tochter zurück, wenn er eine erotische Komponente in der Vater-Tochter-Beziehung wahrnimmt. Das hat aber auf viele Töchter eine ähnliche Wirkung wie der vollzogene Inzest: Sie begehren heimlich den Platz an der Seite des Vaters, fühlen sich von ihm abgewiesen und sind ihm böse (was nicht heißt, dass sie explizit den sexuellen Kontakt mit ihm wollen – dessen ist sich das Kind nicht bewusst; gerade deshalb versteht es die Reaktion des Vaters nicht, fühlt sich zurückgewiesen und begehrt ihn umso mehr).

Für die Beziehungsfähigkeit der Töchter hat die besondere Stellung beim Vater ähnliche Folgen wie bei den Muttersöhnen: Sie bleiben ewig die Geliebte. Sie sind zunächst attraktiv für die Männer, sie kennen das Spiel, aber sie sind sich ihrer Weiblichkeit nicht gewiss. Sie brauchen die Bestätigung des Mannes, dass sie Frau sind – manche immer und immer wieder, vielleicht auch durch viele Männer. Es ist wie eine Sucht, die nie erfüllt wird, denn kein Mann kann ihnen diese Gewissheit geben. Sie entsteht, wenn die Frau sich ihrer Mutter zuwendet.

Was im Innern einer Frau passiert, wenn sie ihrer Mutter und den anderen Ahninnen ganz zustimmt, ist, dass die Liebe zu fließen beginnt. Die Liebe zu diesen Frauen, zu ihrem jeweils besonderen Schicksal und zu ihrem Frausein – auch mit all den schrecklichen Erfahrungen, die damit vielleicht verbunden waren. In der Zustimmung fühlt man sich ihnen als Frau verbunden und kommt damit in Einklang mit der eigenen Weiblichkeit.

Dann kann sie auch einem Mann ganz zur Frau werden und die Rolle der Geliebten aufgeben. Die Geliebte ist nämlich das Kind, das sich zwischen Vater und Mutter drängt, aber diesen Platz nie ganz einnehmen kann. Wenn die Frau also zur Tochter wird, zum Kind ihrer

Mutter wie ihres Vaters, kann sie dieses Kind bei den Eltern zurücklassen und als erwachsene Frau die Frau eines Mannes sein.

Das Weibliche im Mann, das Männliche in der Frau

Kein Mann ist nur männlich, keine Frau ist nur weiblich. Wir stammen alle von einem Mann und einer Frau ab, und wir haben alle, in mehr oder weniger starker Ausprägung, Anteile des anderen Geschlechts in uns. Sich selbst anzunehmen, wie man ist, bedeutet daher auch, den gegengeschlechtlichen Teil in sich zu nehmen.

Ich habe schon gesagt, dass das Männliche und das Weibliche keine Ideale sind, die es anzustreben gilt, sondern man überlässt sich einfach dem, was man ist. Beim Mann ist das Männliche das Dominante, das, was ihn letztlich ausmacht, bei der Frau das Weibliche. Wenn man sich aber ganz auf das eigene Geschlecht einlässt, wird auch das andere in einem genährt. Die eigene Geschlechtlichkeit erfüllt sich ja in der Begegnung und im Austausch mit dem anderen Geschlecht, und dabei wird man davon auch gefüllt.

Ein Mann, der sich ganz seiner Männlichkeit hingibt, lernt auf diesem (männlichen) Weg das Weibliche (durch die Frau) kennen, lieben und achten. Denn die Frau gibt ihm ja erst die Gelegenheit, sich ganz als Mann zu erfahren, und sie gibt ihm diese, indem sie ihm das Weibliche schenkt und offenbart. Dadurch werden auch die weiblichen Anteile in ihm genährt – ohne dass er eine Frau wird, ohne dass es seiner Männlichkeit etwas nimmt. Im Gegenteil: Es fügt ihr etwas hinzu. Er wird weicher, runder, empfänglicher und kann in sein Herz gehen, ohne zu riskieren, etwas von seiner Männlichkeit zu verlieren. Durch den Austausch wächst beides: das Männliche wie das Weibliche.

Dies geschieht nicht, wenn ein Mann gezielt seine weibliche Seite entwickeln will. Dann verkümmert das Männliche in ihm, und es wird ihm heimlich einen Streich spielen, es setzt sich versteckt durch. Dies kann man bei vielen Männern beobachten, die sich nach außen hin weich und verbindlich geben. Sie sind nicht verlässlich, oft unfair und meist innerlich sehr hart und voller Wut.

Männer, die das Männliche ablehnen, lehnen auch das Weibliche ab, sie sind im Grunde Frauenhasser (natürlich nur ganz insgeheim). Um das Weibliche in sich zu nähren, muss ein Mann das Männliche nehmen und leben. Dann hat das Weibliche in ihm einen sicheren Platz und kann ihn bereichern. Es gibt ihm dann Fülle und Rundheit (durchaus auch körperlich). Das ist eine Entwicklung der Reife und des Alters.

Für die Frau gilt das Gleiche. Wenn sie sich dem Männlichen in sich zuwendet, wenn sie mit den Männern mithalten, mit ihnen konkurrieren, ein besserer Mann sein will, verliert sie das Weibliche, und das Männliche in ihr wird hart und dürr sein. Anstatt sie zu nähren, trocknet es sie aus.

Wenn sie sich hingegen ganz dem Weiblichen überlässt, dem Männlichen im Mann begegnet und es von ihm nimmt, wird das Männliche sie sowohl in ihrer Weiblichkeit erfüllen als auch ihre eigenen männlichen Anteile und Fähigkeiten befruchten und reifen lassen.

Das Männliche kann sich dann in ihr ausbreiten, ohne ihre Weiblichkeit zu gefährden. Es fügt ihr etwas hinzu, und sie kann ihren weiblichen Weg mit Klarheit, Zielstrebigkeit und anderen männlichen Eigenschaften verbinden. Das Männliche bindet sich dann in das Weibliche ein und drückt sich auf eine andere Weise aus als bei Männern, ebenso wie bei diesen das Weibliche in anderer Weise zum Ausdruck kommt als bei Frauen.

Die Entwicklung der gegengeschlechtlichen Anteile ist also ein natürlicher Reifungsprozess. Er trägt dann die volle Frucht, wenn man sich ganz auf die eigene Geschlechtlichkeit eingelassen hat. Zeitlich gehört dies in die zweite Lebenshälfte. Für die Partnerschaft ist das sehr bedeutsam, denn je mehr sich das Weibliche im Mann und das Männliche in der Frau entwickelt, umso weniger ist man auf den anderen angewiesen. Dies kann für Beziehungen sehr problematisch sein, aber auch neue Perspektiven eröffnen.

Moderne Zeiten

Altes und Neues

Die Welt hat sich verändert und ändert sich in immer schnellerer Geschwindigkeit. Dies gilt in erster Linie für die äußere Welt. Inwieweit unsere innere Welt – unsere Wahrnehmung und unser Fühlen – damit Schritt hält, inwieweit vor allem die tieferen Schichten unseres (Unter-) Bewusstseins damit Schritt halten, ist eine offene Frage.

Sicherlich braucht dies wesentlich mehr Zeit. Das Gewicht und das Beharrungsvermögen Hunderttausender Jahre menschlicher Evolution (denen noch einmal eine unermesslich lange Zeit vormenschlicher Entwicklung vorangeht, die uns ebenfalls bis heute im Innersten beeinflusst) wiegt wesentlich schwerer als zeitgenössische Strömungen. Viele unbewusste Handlungen (und chemische Prozesse in unserem Körper) werden nach wie vor von uralten Programmen gesteuert, auch wenn sich darüber neue Haltungen und Einstellungen herausbilden.

Wir leben also stets in einer Spannung zwischen zwei Welten: einer auf der Basis alter Erfahrungen, aus dem Unterbewusstsein gesteuerten – und unseren bewussten Einstellungen, Haltungen und Handlungen. Je schneller sich der Alltag verändert, umso größer wird diese Spannung. Wir können sie verringern, indem wir uns der unbewussten Programme bewusst werden, ihre Bedingtheit durch bestimmte historische Kontexte erkennen, sie hinter uns lassen und uns ganz der Gegenwart zuwenden.

Dennoch werden wir uns davon nicht ganz frei machen können, und vielem, was wir bewusst anstreben, wird unser Unbewusstes einen Strich durch die Rechnung ziehen.

Das Verhältnis von Männlichem und Weiblichem, wie ich es bisher dargelegt habe, ist allerdings kein historisches. Es ist nicht an eine bestimmte Zeit und bestimmte Umstände gebunden, sondern gilt im Großen und Ganzen zeit- und kontextunabhängig. Seine jeweils zeitbedingte Ausprägung erhält es dadurch, wie Mann und Frau es ausfüllen und leben.

Wir müssen also fragen, wie sich das beschriebene Grundverhältnis in der heutigen Zeit umsetzen lässt. Ich habe dazu bereits einige allgemeine Hinweise gegeben und will auch im Weiteren nicht ins Detail gehen, weil das eine Aufgabe ist, die jeder selbst angehen muss. Es gibt jedoch einige Veränderungen, die so grundlegend sind, dass sie einer genaueren Betrachtung bedürfen.

Die Befreiung der Frau

In den letzten dreißig Jahren hat eine stille Revolution stattgefunden. Ihr Ergebnis ist, dass die Frauen materiell nicht mehr auf den Mann angewiesen sind. »Materiell« verstehe ich dabei in einem ganz umfassenden Sinne, also nicht nur finanziell. Ohne Anspruch auf Vollständigkeit seien folgende Aspekte hervorgehoben:

- Frauen sind gesellschaftlich gleichgestellt und selbständig. Sie haben Zugang zu allen sozialen Bereichen und Ressourcen, können allein ihren Lebensunterhalt verdienen und – zur Not unter Mithilfe des Staates – auch den ihrer Kinder. Sie sind also finanziell nicht mehr vom Mann abhängig. Damit entfällt eine wichtige, wenn nicht die wichtigste Basis der bürgerlichen Ehe, die immer auch der Versorgung der Frau und der Kinder diente.
- Die Möglichkeit sicherer und dauerhafter Verhütung ist eine ungeheure Veränderung, sie ist völlig neu in der Menschheitsgeschichte. Das heißt, dass Sexualität und Zeugung faktisch zweierlei Prozesse geworden sind. Man kann das eine ohne das andere haben. Die Moral, selbst in christlichen Kreisen, folgt dieser faktischen Entwicklung. Sexualität und Lust werden heute als natürlich-menschliche Eigenschaften und als Werte an sich angesehen, zumindest in einem gewissen Rahmen. Dieser Rahmen muss nicht die Ehe sein.
- Vor allem für Frauen ist diese Entwicklung bedeutsam. Sexualität wurde für sie gefahrloser in dem Sinne, dass nicht mehr ständig eine Schwangerschaft droht. Zum ersten Mal haben potenziell alle Frauen einen freien Zugang zur Sexualität, ohne dass dies in die direkte Abhängigkeit von einem Mann führt. Generell steigt mit der Entkoppelung von Geschlechtsakt und Zeugung die Vergnügungsfunktion der Sexualität. Sex ist jetzt auch für Frauen jederzeit außerhalb fester Beziehungen verfügbar. Sie brauchen keinen Ehemann mehr, um ihre sexuellen Bedürfnisse zu erfüllen. Sie benöti-

gen ihn noch nicht einmal mehr, um Kinder zu bekommen. Und manche entdecken erst jetzt, dass sie eigene sexuelle Bedürfnisse haben und haben dürfen.

- Die Zeugung ist nicht mehr an den Geschlechtsakt gebunden. Die künstliche Befruchtung steckt zwar noch in den Kinderschuhen und wird bisher nur in Ausnahmefällen angewendet, aber für die Zukunft könnte dies eine noch viel größere Zäsur für die Geschlechterbeziehung darstellen als die Erfindung der Pille. Dann braucht die Frau – von einigen Samenspendern abgesehen – überhaupt keinen Mann mehr.
- Ein letzter Punkt ist vor allem für ältere Paare von Bedeutung: Die Lebenszeit hat sich enorm verlängert; nachdem die Kinder aus dem Haus sind, beginnt eine neue Lebensphase, auch für die Beziehung. Wenn ein Paar im Alter von 25 bis 35 Kinder bekommen hat, ist es maximal 55, wenn das jüngste zwanzig wird. Mit 55 war man früher schon recht alt, vor allem als Frau, heute warten vielleicht noch dreißig Lebensjahre. Diese Zeit will mit Sinn gefüllt sein. Das Paar wird auch nicht mehr quasi automatisch zu Großeltern, und wenn, ist das nicht ihr Lebensmittelpunkt. Das Oma- und Opasein hat, seit die Großeltern nicht mehr in die Lebensgemeinschaft mit Kindern und Enkeln eingebunden sind, keine eigenständige Funktion mehr, sondern ist eine Nebenbeschäftigung. Man ist halt Großmutter geworden, aber das hindert sie nicht daran, sich nach einem neuen Lebensgefährten oder Liebhaber umzuschauen, wenn der Mann gestorben, gegangen ist oder »gegangen wurde«. Und wenn er noch da ist, muss die

Beziehung neu definiert werden, muss gemeinsam geschaut werden, was ihr jetzt noch Sinn gibt.

Aus alldem geht zweierlei hervor:

- Die Ehe ist für Frauen nicht mehr notwendig. Zwar wünschen sich die meisten Menschen nach wie vor eine dauerhafte Partnerschaft, auch in Form der Ehe; aber vieles, was die Ehe bis gestern noch notwendig machte und zusammenhielt, gilt heute nicht mehr und wird morgen vielleicht völlig veraltet sein. In abgeschwächter Form überlebt es noch in Form von Angst, allein nicht klarzukommen, in Form von Bequemlichkeit (wenn man lieber eine schlechte Beziehung aufrechterhält, als alles allein machen zu müssen) und in Form von familiärem bzw. sozialem Druck (zum Beispiel wenn man meint, man müsse wegen der Kinder zusammenbleiben). Aber zwingend, so zwingend wie noch vor ein, zwei Generationen, ist dies nicht mehr. Auch die religiös-moralische Norm der Unauflöslichkeit der Ehe hat kaum noch Kraft. Die lebenslange Beziehung ist eine schöne, von den meisten für wünschenswert angesehene Idee, mehr nicht. Wenn es funktioniert, ist es toll, vor allem für die Kinder, wenn nicht, ist es schade bis tragisch.
- Der Mann ist nicht mehr so wichtig. Man braucht zwar noch ein paar »Zuchtexemplare«, aber das war's dann auch. Der Mann wird von der schieren Notwendigkeit zum Luxus. Deshalb ist es auch für ihn unerlässlich, dass er seine Bedürfnisse und seinen Platz neu be-

stimmt bzw. hinschaut, wo dieser noch ist. Er muss das unabhängig von der Frau tun, sich selbst an seinen Platz stellen und diesen behaupten.

Damit ist nicht die Mann-Frau-Beziehung an sich infrage gestellt, aber ihre Form entwickelt sich von der Notwendigkeit zur Freiheit. Was sich früher wie von selbst ergab, muss (und kann!) heute frei und bewusst gestaltet werden.

Damit kommt auf das Paar eine neue und viel größere Verantwortung zu. Angesichts der äußeren Freiheit ist es wesentlich schwerer geworden, eine Paarbeziehung zu führen und lebendig zu erhalten, als dies früher der Fall war. Will man das Zusammenleben von Mann und Frau erhalten, so muss es auf ganz neue Beine gestellt werden. Diese Beine heißen Liebe und Achtung, nicht mehr Notwendigkeit und Zwang. Das ist historisch eine völlig neue Situation, die Beziehungen zu einer sehr zerbrechlichen Angelegenheit gemacht hat. Jetzt ruht fast alles auf der Liebe.

Die Verantwortung der Frau

Und es ruht sehr viel auf der Frau. Auf sie kommt eine sehr große Verantwortung zu, auch eine größere Verantwortung für die Beziehung und die Gesellschaft als ganze. Die Frau hat ohnehin eine viel größere Macht, als die meisten sich eingestehen, und mit der neu gewonnenen Freiheit ist sie noch mächtiger geworden.

Neulich hatte ich einen Kurs, an dem viele Paare teilnahmen, deren Beziehung in einer ernsten Krise steckte. Bei allen war die Liebe intakt, aber sie konnte aus verschiedenen Gründen nicht richtig fließen. Nachdem die Störungen aufgedeckt waren, ergab sich bei allen das gleiche Bild: Die Frau legte ihren Kopf an die Schulter des Mannes, vollkommen hingegeben, und er hielt sie. Damit waren beide glücklich und in ihrer jeweiligen Kraft – die Männer in der männlichen, die Frauen in der weiblichen Kraft. Und beide strahlten.

Bei einem Paar hatte ich gar nichts anderes gemacht, als die Frau aufzufordern, sich so an ihn anzulehnen. Sie hat dabei zunächst heftig geweint; es war wie ein Dammbruch, ein Durchbruch zu ihrer Liebe, während er sie bewegt gehalten hat. Am Ende wurde sie ganz ruhig, und er, der unter anderem auch deshalb zum Kurs gekommen war, weil er seit der Geburt ihres Kindes schwere Rückenprobleme hatte, stand aufrecht, stark und kraftvoll da.

Ich sagte ihr dann: »Du musst ihm auch etwas zu tun geben. Wenn er dich nicht halten darf, wenn du selbst versuchst, stark zu bleiben, anstatt dich von ihm halten zu lassen, hat er ja gar keine Bedeutung. Männer haben von sich aus kaum Bedeutung. Sie liefern ihren Samen ab, und das war's. Wenn ihr Frauen ihnen keinen Platz gebt, wenn ihr ihnen nicht zeigt, dass ihr sie auch darüber hinaus noch braucht und ihren Beitrag würdigt, fühlen sie sich überflüssig und gehen oder brechen zusammen.«

Männer brauchen eine Aufgabe

Männer brauchen eine Aufgabe. Das gilt heute mehr denn je. Salopp formuliert, ist ihr eigentlicher Job, das, wofür die Natur sie hat entstehen lassen, in zwei Minuten erledigt. Den Rest können Frauen im Prinzip allein. Zwar nicht ganz so gut, aber es geht. Die Frau hingegen hat von Natur aus einen festen Platz, sie trägt das Kind in sich (und weiß damit ohne jeden Zweifel, dass es *ihr* Kind ist), bringt es zur Welt und ernährt es. Ohne ihren kontinuierlichen Beitrag geht das Leben nicht weiter. Ohne sie gibt es keine Familie und keine Gemeinschaft. Sie wird für Jahre gebraucht, der Mann nicht. Daher ist die Frau das natürliche Zentrum jeder Gemeinschaft. Das gibt ihr eine natürliche Macht, die dem Mann fehlt.

Um einen guten Platz in der Familie einnehmen zu können, braucht der Mann daher von der Frau die Bestätigung und Anerkennung, dass er wichtig ist, gebraucht wird, eine Bedeutung hat. Sonst beschränkt er sich darauf, seinen Samen abzuliefern und zu gehen. Die beste Anerkennung und Wertschätzung ist für ihn, wenn die Frau sich von ihm schützen und ernähren lässt und ihn dafür achtet und seinen Beitrag würdigt. Tut sie dies, wird er ihr ein verlässlicher Partner sein. Signalisiert sie ihm, dass sie auch ohne ihn zurechtkommt, wird er sie beim Wort nehmen.

Früher war dies kein Thema, es lag auf der Hand, dass der Mann gebraucht wurde. Er musste die Frau tatsächlich beschützen. Und viele wichtige Arbeiten waren für Frauen zu schwer, sie konnten rein körperlich nur von

Männern erledigt werden. Zwar können auch Frauen Feldarbeit verrichten, Bäume fällen, Häuser bauen, an Hochöfen oder in Bergwerken schuften, aber das gefährdet die Reproduktion. Die Folge wären Fehlgeburten, verkrüppelte und verwahrloste Kinder gewesen. Also war es ganz klar, dass man Männer brauchte, auch über die Zeugung hinaus.

Aber wer sieht heutzutage noch, dass es ein wichtiger Beitrag für die Familie ist, wenn ein Mann die ganze Woche im Auto unterwegs ist und Versicherungen verkauft? Er kümmert sich nicht um die Familie, kommt abends erst um zehn nach Hause, hat immer nur seine Zahlen im Kopf…

Heute brauchen Mann und Frau sich auf vielen Ebenen nicht mehr so wie früher, obwohl sie sich, um ihre eigentliche Funktion zu erfüllen, immer noch benötigen.

Aber im Alltag sind sie unabhängiger voneinander geworden, und das ist gut so. Es ist gut, wenn ein Mann kochen kann und weiß, wie die Waschmaschine funktioniert. Es ist gut, wenn eine Frau Auto fahren kann, wenn sie weiß, wie man Bankgeschäfte erledigt, wenn sie gebildet ist und arbeiten kann und dafür genauso wie der Mann entlohnt wird.

Es ist auch gut, wenn beide nicht ständig aufeinander hocken müssen, wenn jeder mit sich allein etwas anfangen kann, sodass das Zusammensein nicht der Not geschuldet ist, sondern aus freien Stücken erfolgt.

Es ist sehr gut, wenn beide äußerlich und innerlich so stark und unabhängig sind, dass sie sich auch selbständig dem Leben stellen können und nicht vom anderen abhängig sind. Tatsächlich wird eine Beziehung, die beiden Raum für die eigene Entwicklung lässt, immer zu mehr Freiheit führen, zu einer Partnerschaft, die auf der Freiheit beruht, dass beide auch allein klarkommen könnten.

Aber man kann dies auch zu weit treiben. Eine Beziehung gründet darauf, dass der andere einem etwas Zusätzliches gibt, etwas, was man selbst nicht hat. Eine Beziehung beruht auch auf Bedürfnissen, die im gegenseitigen Austausch befriedigt werden, wodurch das Leben mit dem Partner voller, satter und runder ist als ohne ihn. Bedürfnislosigkeit lässt die Beziehung eingehen.

Wenn ich meinem Partner ständig sage (laut oder leise): »Ich brauche das nicht«, »Ich kann das auch allein«, wird er sich bald fragen: »Wozu bin ich denn noch da?« Diese Sätze mögen stimmen, aber gerade dann ist es wichtig, dem anderen zu zeigen, dass es mit ihm dennoch besser ist als ohne ihn; dass man seinen Beitrag trotzdem (oder gerade deshalb) schätzt – obwohl man im Prinzip vielleicht darauf verzichten könnte.

Es geht also nicht um ein Brauchen in dem Sinne, dass ich ohne den Partner nicht leben könnte bzw. materiell oder emotional völlig verkümmern würde, sondern darum, dass der Partner mir etwas geben kann, was mich innerlich bereichert und wachsen lässt und mein Leben runder und reicher macht.

Wenn eine Frau sich an den Mann anlehnt – ohne Erwartung, ohne Anspruch –, drückt sie damit ihre Wertschätzung des Männlichen aus, ihre Bereitschaft, sich dem Schutz und der Fürsorge des Mannes anzuvertrauen und von seiner männlichen Kraft zu nehmen. Das stärkt die Beziehung.

Der umgekehrte Vorgang schwächt sie dagegen: Wenn ein Mann sich an die Frau anlehnt, seinen Kopf in ihren Schoß legt oder sich von ihr halten lässt, wird er zum Kind. Dies kann hier und da mal Sinn machen (etwa wenn er krank ist, einen Schicksalsschlag oder eine schwere Niederlage erlitten hat), aber auf Dauer und als Grundbild ist es der Beziehung abträglich. Denn dann wird sie zur Mutter und er zum Kind, und das schwächt ihn.

Wenn die Frau sich hingegen an den Mann anlehnt, achtet sie damit seine Kraft und seine Männlichkeit und kommt zugleich zu ihrer Weiblichkeit und Weichheit. Und sie gibt ihm eine Bedeutung und einen Platz: Er darf sie halten und schützen.

Dann bleibt der Mann, sonst geht er. »Er geht« kann heißen: »Er verlässt sie.« Aber in den meisten Fällen wird er nur innerlich gehen – er trinkt, er stürzt sich in die Arbeit, er entwickelt obsessive Hobbys, er geht zu anderen Frauen, hat Affären oder eine Geliebte. Wirklich gehen, eine Beziehung beenden, das tun Männer selten. Dies bleibt den Frauen überlassen, die meisten Männer sind zu schwach dazu.

Die Macht der Frau

Die Frau hat die Macht. Sie bestimmt, wo es langgeht in der Beziehung.

Das beginnt schon beim Kennenlernen. Die Jungs laufen zwar hinter den Mädchen her und versuchen, sie anzumachen, aber die Mädchen bestimmen, von wem sie sich anmachen lassen.

Der Mann bemüht sich, die Frau entscheidet. Sie lässt es dann so aussehen, als ob er sie rumgekriegt hätte. Und der tumbe Kerl glaubt es. So geht es dann weiter: Sie entscheidet, ob sie seine Frau wird, und sie beschließt, ob und wann es Nachwuchs gibt. Meist ist es auch die Frau, die festlegt, ob es zum Sex kommt und wie dieser aussieht. Er darf zwar die Musik machen, aber sie bestimmt den Einsatz und gibt den Ton an. Der Mann kann dies zwar alles mit Gewalt durchkreuzen, aber sobald er sich in die Liebe begibt, ist er machtlos. Dort ist sie die Starke.

Auch hier lohnt sich ein Blick auf die Biologie. Dabei zeigt sich nämlich, dass der Mann ihr zwar seinen Samen aufzwingen kann, aber ob sie schwanger wird, entscheidet sich in der Frau. Er ist nur der Lieferant für den Rohstoff, sie ist die Köchin. Was sie mit dem Rohstoff macht, ist ihre Sache, und manchmal gibt es auch noch andere Lieferanten, ohne dass er es merkt.

Er wird zwar gebraucht, aber alles andere entzieht sich seinem (natürlichen) Einfluss. Selbst wenn er dies dadurch kompensiert, dass er die Frau beherrscht, bleibt sein Platz in der Familie unsicher.

Er weiß nie ganz genau, ob sein Kind tatsächlich *sein* Kind ist. Der Platz der Mutter ist über jeden Zweifel erhaben, sie ist sich ihrer völlig gewiss, der Platz des Vaters ist dies nicht. Er muss ihn sich erarbeiten, und er muss der Frau vertrauen. Er kann, vor allem in Bezug auf die Kinder, nur den Platz einnehmen, den die Frau ihm gewährt. Wenn sie sich an ihn anlehnt, wenn sie sich von ihm stützen, schützen und beschenken lässt, wird er dies dankbar annehmen.

Der Mann befindet sich gesellschaftlich in der überlegenen Position, das Herrschaftsgefüge ist (noch) männlich geprägt und dominiert. Dadurch hat er seine Kompensation, den Ausgleich für seine natürliche Schwäche in der Beziehung. Die Sphäre der Gesellschaft (die Arbeit, die Kneipe, der Verein, der Sport, die Politik, die Theorie) ist auch sein Rückzugsgebiet, sein Fluchtpunkt. Und er ist der Frau körperlich überlegen (was ihm die gesellschaftliche Macht ermöglicht). Daher kann er sie sozial und körperlich beherrschen, und viele Männer nutzen dies weidlich aus – und zwar umso mehr, je schwächer sie in der unmittelbaren Begegnung mit der Frau sind. In dieser direkten Begegnung sind die Frauen nämlich die Stärkeren. Abgesehen von der Körperkraft ist der Mann ihnen in allen Belangen unterlegen.

Der erste Mensch, dem ein Mann begegnet, ist eine Frau – seine Mutter. Dies war die erste Beziehung. Alles hing von der Mutter ab. Hier hat er nicht nur den Zustand der Verschmelzung erlebt. Sie, die Mutter-Frau, war auch der erste Adressat seiner Bedürfnisse. Sie bestimmte, ob, wann und wie diese befriedigt wurden. Die Mutterbrust war dabei körperliche und seelische Nahrungsquelle zugleich. Sie spendete Milch und Nähe, Geborgenheit, Liebe. Für den Säugling existiert dabei kein Unterschied, die Brust ist Nahrungs-, Liebes- und Lustquelle zugleich. An der Mutterbrust ist er in Sicherheit, hier wird alles erfüllt, was er braucht. Hier erlebt er jedoch auch seine grundlegende Abhängigkeit. Die Frau kann ihm alles geben, aber auch alles verweigern.

Diese Situation taucht später in der Paarbeziehung wieder auf. Natürlich erleben auch Frauen die ursprüngliche Abhängigkeit von der Mutter, aber indem sie zur Frau werden, können sie das Mütterliche in sich selbst erfahren. Männern hingegen begegnet es nur in der Frau. Deshalb hat jede Frau Macht über sie. Und weil sie diese Macht fürchten, lassen sich viele Männer erst gar nicht richtig auf die Frau ein. Sie bleiben beim Sex und suchen Befriedigung in der Männerwelt, die ihnen ein falsches Gefühl der Überlegenheit vermittelt. Dass dieses Gefühl unecht ist, wird sofort deutlich, wenn sie sich auf die Liebe einlassen.

Es ist genau umgekehrt wie bei der Frau: Die Frau fürchtet den Sex, weil der Sex sie in die Abhängigkeit führt, denn er liefert sie an den Mann und seine Gewalt aus und darüber hinaus an die Gewalt der Natur, an Leben und Tod. Zugleich findet sie über den Sex zu ihrer natürlichen Erfüllung, nämlich zum Kind.

Der Mann dagegen fürchtet die Liebe, weil sie ihm seine ursprüngliche Abhängigkeit von der Frau offenbart.

Den Sex kann er sich zur Not auch nehmen, die Liebe jedoch nicht. Aber er braucht sie, denn die Liebe ist das Einzige, was seinem Leben Sinn gibt.

Frauen sind sich ihrer Macht in Beziehungen meist nicht richtig bewusst. Sie ist ihnen aber auch nicht fremd, unbewusst wissen sie darum. Dieses Wissen wird überlagert von der verbreiteten Vorstellung der weiblichen Schwäche oder der männlichen Herrschaft, auch von dem Gefühl, der körperlichen Überlegenheit des Mannes ausgesetzt zu sein.

Daher setzen die meisten Frauen ihre Macht nur indirekt ein, sie verstecken sie. Zu einem gewissen Grad entspricht dies der weiblichen Natur, Frauen sind indirekter als Männer. Es kann allerdings ein Ausmaß annehmen, in dem es ebenso zerstörerisch wird wie die offene Gewalt mancher Männer.

Gerade in der heutigen Zeit ist es wichtig, dass Frauen sich ihrer Macht und ihrer Kraft bewusst sind und klar dazu stehen. Damit meine ich nicht den törichten Machtkampf mit den Männern, sondern ein klares Bewusstsein ihrer tatsächlichen Machtstellung in der Familie und der damit einhergehenden Verantwortung.

Die Schwäche des Mannes

Für den Mann bedeutet diese Entwicklung, dass seine ohnehin unsichere Stellung noch unsicherer, noch prekärer geworden ist und werden wird. Dafür sucht er sich einen Ausgleich. Eine Möglichkeit wäre die noch stärkere

Kontrolle der Frau – oder besser: des Weiblichen. »Des Weiblichen«, weil die Frau nicht mehr direkt kontrolliert werden kann. Aber sie kann indirekt in Schach gehalten werden, indem die Vermännlichung der Gesellschaft (bis in die Familie hinein) forciert wird und die Frauen darin eingebunden werden. Das ist der gegenwärtig herrschende Trend, bei dem manche Frontfrau kräftig mitmischt.

Die Alternative besteht darin, dass die Frau in ihrer weiblichen Kraft bleibt und dem Mann einen Platz gibt. Das bedeutet nicht – manche Frauen fassen dies so auf –, sie solle ihm einen Platz zuweisen, ihm sagen, was er (zum Beispiel im Haushalt) zu tun oder wann er für die Kinder da zu sein habe. Das muss sie ihm schon selbst überlassen, sowohl das Ob als auch das Wann und das Wie. Es heißt, sie achtet und würdigt, dass Männer einen wichtigen Beitrag leisten, und ist trotz aller Selbständigkeit bereit, vom Mann zu nehmen.

Dass sie dies heute freiwillig und nicht mehr aus Not tun muss, erhöht die Bedeutung dieser Einstellung. Das Bild, in dem diese Haltung zum Ausdruck kommt, ist das bereits geschilderte: Die Frau legt ihren Kopf an die Brust oder Schulter des Mannes und lässt sich von ihm halten.

Auf diese Weise hat das Männliche wie das Weibliche seinen Platz, und wenn sie dies in der Paarbeziehung gleichgewichtig haben, kann es auch in der Gesellschaft der Fall sein. Dann wird der kompensatorische Ausgleich, mit dem Männer auf gesellschaftlicher Ebene ihre Schwäche überdecken und balancieren, überflüssig. In dem Maße, in dem Männer und das Männliche einen anerkannten Platz in der Familie haben, können Frauen und das Weibliche auch einen in der Gesellschaft haben – und umgekehrt.

Der Mann kann sich diesen Platz nicht selbst nehmen. Er mag sich zwar hinstellen, seine Bereitschaft zeigen, er kann seinen Platz behaupten (und sich nicht, wie es viele Männer tun, wenn die Frau die Beziehung nicht mehr will, wegschicken lassen), aber er ist nicht in der Lage, sich seinen Platz neben der Frau zu nehmen. Er vermag sie festzuhalten, kann sie zu allem Möglichen zwingen, aber um sie halten zu können, bedarf es ihrer Zustimmung – sie muss sich halten lassen. Nur dann wächst die Beziehung, wird sie tiefer. Der entscheidende Schritt muss von der Frau kommen.

Sie tut das aber nicht (nur) für ihn, sondern (ebenso) für sich selbst. Es ist keine milde Gabe. Der Mann an sich braucht dies nicht. Die *Beziehung* braucht es.

Der Mann kann auch herumstreunen und, wie es seit Urzeiten in ihn einprogrammiert ist, möglichst viele Weibchen begatten. Erfüllen wird ihn das zwar ebenso wenig wie die Frau, aber es entspricht durchaus seinem natürlichen Auftrag. So setzt er sein genetisches Potenzial sinnvoll ein, er hat ja genug davon. Die Frau hat nur Potenzial für rund zehn Kinder, der Mann für Tausende; daher ist es für sie genetisch die effektivste Strategie, sich einen möglichst guten Mann auszusuchen und sich dann um die Pflege ihrer wenigen Nachkommen zu kümmern, während es für ihn durchaus Sinn macht, sogleich nach neuen Jagdgründen Ausschau zu halten.

Wir dürfen diese genetischen Urantriebe nicht unterschätzen, sie sind Teil unseres Erbes und haben allein deshalb eine ungeheure Kraft, weil die Evolution dank ihrer erfolgreich war. Daher treiben sie uns nach wie vor. Aber sie erfüllen uns nicht mehr.

Es erfüllt zum Beispiel den Mann nicht mehr, seinen Samen überall auszustreuen, weil er sich so nur in die Breite entwickelt, nicht in die Tiefe. Die Liebe und die Beziehung ermöglichen Mann und Frau, in die Tiefe zu wachsen, sich nicht nur nach außen hin zu reproduzieren, sondern auch nach innen zu reifen, zu wachsen und sich so selbst ständig zu erneuern.

Wenn die Frau sich also an den Mann anlehnt und sich von ihm halten lässt, tut sie dies auch für sich selbst, und wenn der Mann sie hält (symbolisch und tatsächlich), tut er das nicht nur für sie, sondern auch für sich selbst. Er wird dadurch mehr Mann, so wie sie durch ihr Anlehnen mehr Frau wird.

Es sind allerdings nicht nur die Frauen, die vor dieser Haltung Angst haben und sie meiden (weil sie vermeintlich schwach macht), sondern auch viele Männer. Sie nimmt ihnen nämlich ihre Fluchtmöglichkeiten. Sie fordert den ganzen Mann mit einem klaren Ja zu Frau und Familie.

Muttersöhne – das sind neben den so genannten Softies gerade auch die dezidierten Machos – werden hier kneifen. Sie bleiben lieber auf der Spielwiese und lassen sich erst gar nicht tief auf eine Frau und auf die Liebe ein. Denn wenn er liebt, kann ein Mann sich kaum entziehen, sobald seine Frau sich an ihn anlehnt. Er muss sie halten. Hat er dann noch seinen Vater im Rücken (dies ist der Fall, wenn er seinem Vater voll und ganz zustimmt), weiß er, was männliche Kraft ist und männliche Fülle.

Es gibt aber auch Frauen, die um ihre Stärke wissen. Damit meine ich nicht die, die von »Frauenpower« oder von starken Frauen reden. Das sind Blasebälge, mit denen sich diejenigen aufplustern, die es nötig haben. Wirklich starke Frauen reden nicht darüber – sie sind es. Und diese Stärke hat nichts mit den Männern zu tun, sie braucht den Vergleich nicht. Sie ist sich ihrer selbst gewiss. Wo sie dies nicht ist, wo sie das Kräftemessen sucht, ist sie in Wirklichkeit schwach.

Die Frauen müssen nicht kämpfen, sie haben schon gewonnen. Der Mann hat gegen sie keine Chance. Es mag noch viele Kriege, viel Blutvergießen und viel Leid brauchen, bis er dies einsieht, aber hier bei uns, vor allem in Deutschland, wo der männliche Wahn auf die Spitze getrieben wurde, ist dies im Grunde klar. Die Männer haben verloren.

Und die Frauen werden ebenfalls verlieren, wenn sie weiterhin kämpfen. Der Kampf der Frauen ist überflüssig. Wird er dennoch geführt, so bringt er nur Leid – denn er bewirkt auch das Festhalten an einer überholten Männlichkeit.

Die Männer bereichern und adeln das weibliche Sein und das Leben der Frau. Indem sie ihr Halt und Sicherheit geben, ermöglichen sie es ihr, sich ganz dem Weiblichen, dem Empfänglichen zu überlassen und damit zu sich selbst zu kommen. Aber sie sind auf die Einsicht und Intelligenz der Frau angewiesen. Der Schlüssel liegt bei ihr, denn sie hat die Macht. Das haben die Frauen, die nach Macht streben, nicht begriffen. Sie strecken sich im Grunde nach dem Männlichen, und wenn sie es erreicht haben, haben sie nichts in der Hand außer einer Frucht, die ihnen nicht bekommt.

Sexualität braucht Liebe

Die beschriebenen Entwicklungen sind im Wesentlichen Entwicklungen der Sexualität. Die »sexuelle Befreiung« ist viel umfassender als gemeinhin verstanden.

Das entscheidend Neue ist die Loslösung von der Fortpflanzung. Dies ist aber eine janusköpfige Freiheit. Denn Sexualität hat in der Fortpflanzung seit Menschengedenken ihren immanenten Sinn gehabt. Jetzt hat sie ihn fast verloren – sie droht zum »sinn-losen« Vergnügen zu werden.

Es wird zwar noch einige Zeit dauern – wenn es überhaupt dazu kommt –, bis die Fortpflanzung sich ganz vom Geschlechtsverkehr gelöst hat, aber die Tendenzen sind bereits heute zu sehen. Selbst diejenigen, die noch Kinder wollen, begnügen sich mit deren zwei. Dies ist eine Sache von meist weniger als fünf Jahren. In der übrigen Zeit haben Sex und Fortpflanzung nichts mehr miteinander zu tun. Somit taucht das Problem der Erhaltung der Lust in fast jeder Beziehung auf.

Man kann es nicht deutlich genug betonen: Sexualität war nie ein Selbstzweck. So intensiv, richtig, schön, gut und gesund die geschlechtliche Lust auch sein mag, sie ist sich nicht selbst genug, sie hatte ihren immanenten Sinn immer in der Fortpflanzung der menschlichen Art. Alles andere sind »Nebenwirkungen«.

Sexualität braucht die Ausrichtung auf oder die Einbindung in etwas außerhalb ihrer selbst. Wenn es nicht mehr – oder nur noch sehr eingeschränkt – die Fortpflanzung ist, braucht es etwas anderes, was eine ähnliche Bedeutung haben und Sinn stiften kann. Als Selbstzweck wird sie früher oder später öde und leer, die Lust selbst droht zu sterben. Sie geht dann den Weg aller »Konsumgüter«: Sie verliert an Wert. Konsum ist Verzehr, ohne dass dabei Neues erzeugt wird. Daher verlieren Verbrauchsgüter ihren Wert.

So geht es auch der Sexualität und der Lust: Wenn sie nur noch konsumiert wird, ohne dass daraus etwas Neues wächst, ohne dass ihr eine Bedeutung außerhalb dieses Konsums zukommt, wird sie nach und nach wertloser. Um das Interesse an ihr zu erhalten, braucht es immer mehr Kitzel. Wenn sie nicht fruchtbar sein kann, verkümmert sie oder nimmt den Weg von Drogen: Man braucht mehr und härteren »Stoff« – bis zum Tod. Der Tod ist die letzte Konsequenz einer sinnentleerten Sexualität. Sexueller Kannibalismus ist kein Produkt des Internets, sondern ein letzter verzweifelter, entarteter Versuch, die Lust einem Zweck außerhalb ihrer selbst zuzuführen, ihr noch etwas Nährendes abzugewinnen.

Was kann man tun? Ein Zurück gibt es nicht – es sei denn als Folge einer globalen Katastrophe. Also benötigen wir eine Einbindung der Sexualität in eine Kraft, die der Zeugung gleichkommt, die Leben nährt und trägt. Die einzige Kraft, die dies vermag, ist die Liebe. Sie schafft zwar (ohne die Sexualität) kein neues Leben, aber sie lässt uns innerlich wachsen und kann uns auf eine höhere Stufe heben. Sie nährt unsere Seele und gibt uns ein Gefühl von Fülle und von Sinn. Als Dienerin der Liebe hätte auch die Sexualität – neben der Zeugung, die es ja immer noch gibt – einen tieferen Sinn. Auch in dieser Hinsicht ist also die Liebe in umfassenderer Weise gefordert und vonnöten, als sie dies früher war.

Die Liebe

Liebe ist wichtiger denn je

Es geht also mehr denn je um die Liebe. Sie ist nach dem Wegfall der Notwendigkeit das Einzige, was eine Beziehung noch trägt. Und ihre Bedeutung reicht weit über die Paarbeziehung hinaus – sie ist und wird zunehmend das Einzige sein, was eine Gesellschaft noch trägt, was sie innerlich zusammenhält.

Es wird oft – und zutreffend – gesagt, die Familie sei die Keimzelle und die Basis der Gesellschaft. Wenn man dann die Auflösungserscheinungen in den Familien sieht und bedenkt, dass über dreißig Prozent aller Frauen und vierzig Prozent der Akademikerinnen in Deutschland keine Kinder mehr bekommen, kann man vielleicht erahnen, wie es um die Gesellschaft von morgen bestellt sein wird. Ich meine das nicht ökonomisch, sondern im Hinblick auf ihre innere Konsistenz, auf ihre Lebenskraft und ihren Sinngehalt. Angesichts der Auflösung nahezu aller alten Werte (die sich weiter fortsetzen wird) bleibt auch der Gesellschaft nur eines übrig, was sie mit Sinn füllen kann: Liebe.

Damit wir uns recht verstehen: Ich führe hier keine Klage gegen den so genannten Wertewandel oder Werteverfall. Das ist ein unvermeidlicher Prozess. Ich sehe das überhaupt nicht mit Bedauern, ich stimme diesem Prozess voll zu. Er führt uns aus der Not und der Bevormundung in die Freiheit. Dort lauern natürlich massenhaft Verführer, die uns wieder bevormunden wollen und dabei, wie ein flüchtiger Blick auf die Mattscheibe zeigt, auch großen Erfolg haben, aber das gehört nun einmal zur Freiheit dazu – wir sind auch frei, uns in die Unfreiheit zu begeben. Und die Liebe ist ein Kind der Freiheit. Sie gedeiht nur in Freiheit, nie unter Zwang.

Ich habe bereits ausgeführt, dass die Liebe ebenso wie die Lust im Dienst der Erhaltung des Lebens steht. Während die Lust die Fortpflanzung sicherstellt, dient die Liebe dem Zusammenhalt. Liebe verbindet und erfüllt, sie ist Nahrung für die Seele. Damit trägt sie eine Gemeinschaft und hält sie zusammen. Außer der Liebe können dies nur die Not – wir erleben die Gemeinschaft stiftende Kraft der Not immer wieder bei Katastrophen –, der Zwang (und zwar der direkte wie auch der indirekte, moralische Zwang) und die Angst. Not, Zwang und Angst sind jedoch von außen geleitete Kräfte, sie stärken eine Gemeinschaft nicht von innen heraus. Die Not wirkt nur, solange die äußere Situation Gemeinsamkeit erzwingt, und Zwang und Angst stiften keine Gemeinschaft, sondern halten deren Mitglieder klein und dauern nur so lange, wie diese sich dies gefallen lassen. Allein die Liebe kann von innen her Zusammenhalt und Sinn schaffen. Je mehr die Not und der moralisch-religiöse Druck zurückgehen, umso größer wird ihre Bedeutung.

In der Beziehung muss die Liebe heute fast alles tragen. Das hört sich vielleicht etwas schwer an, aber so ist es. Sie hat sich vom Luxus, vom Sahnehäubchen, zur tragenden Säule entwickelt. Alle anderen Stützen sind dabei wegzufallen, oder sie sind bereits passé. Wenn sie schwindet oder ein Paar sich nicht ganz darauf einlässt, zerfällt die Beziehung. Wo Not, Zwang, sozialer und moralisch-religiöser Druck fehlen, wird die Liebe zur Notwendigkeit.

Die Frage ist, wie wir die »Kunst des Liebens« – so hat Erich Fromm dies einst genannt – lernen und zu einer Tiefe des Liebens gelangen können, die auch schwere Zeiten durchsteht. Denn eine Paarbeziehung beginnt zwar wie ein Frühlingserwachen und endet vielleicht, wenn sie – mit der Kraft der Liebe – den Herbst gut erreicht, wie ein goldener Oktober, aber zwischendrin ist sie alles andere als eine dauernde Schönwetterperiode. Da sind nicht nur Sonne und Regen, sondern auf Hitze folgen vielleicht Zeiten der Kälte, und manchmal mag der

Nebel so dicht sein, dass man zeitweise die Orientierung verliert. In einer Beziehung, die dem Leben folgt und frisch bleiben will, ist dies unvermeidlich.

Was ist Liebe?

Was ist überhaupt Liebe, was verstehen wir hier darunter? Ich bin nicht so vermessen, Liebe definieren zu wollen – schon allein deshalb nicht, weil Definitionen Festlegungen sind und sich eine lebendige Schwingung wie die Liebe nicht festlegen lässt, ohne dass man sie tötet –, aber ich möchte schon beschreiben, was ich darunter verstehe. Oder, vielleicht genauer: welche Rolle die Liebe in der Paarbeziehung spielt, was sie uns gibt, was sie von uns fordert und wie sie sich im Laufe der Zeit verändert.

Wenn man nicht gerade ein sehr oberflächlicher Mensch ist, gehen einem die Worte »Ich liebe dich« keineswegs leicht über die Lippen. Kann man den Satz überhaupt noch sagen, ist er nicht viel zu abgegriffen? Oder muss man vielleicht gerade deshalb, weil er so inflationär verwendet wird, darauf bestehen, über die Liebe zu sprechen und den Gehalt dieses Wortes zu wahren?

Da ist eine Schwingung mit drin, die Ehrfurcht erzeugt. Wir spüren oder ahnen, dass dies kein folgenloser Satz ist. Ich kann ohne weiteres »Ich mag dich« sagen oder »Ich habe dich sehr gern«, man kann auch problemlos »I love you« über die Lippen bringen (deshalb mögen viele diese Anglizismen, sie sind so schön unverbindlich); aber »Ich liebe dich« ist etwas ganz anderes, eine andere

Welt. In diesem Satz ist mehr als ein Gefühl, er reicht über mich und den anderen hinaus und bindet beide in etwas mit ein, was sie umfasst. Aber so sicher, wie vieles, was als Liebe verkauft wird, mit wirklicher Liebe nichts zu tun hat, gibt es Gefühle in uns, die wir nicht anders bezeichnen können.

Wir empfinden Liebe, wir sehen und fühlen, dass sie existiert. Und zwar in unterschiedlichen Formen: als Eltern- oder Kinderliebe, als Geschwisterliebe, als Liebe zu einer Sache, einem Gegenstand, als geschlechtliche Liebe zwischen Mann und Frau.

Dass wir in all diesen (und noch weiteren) Fällen von Liebe sprechen, deutet darauf hin, dass die Liebe nicht identisch ist mit einer dieser Ausdrucksformen. Sie drückt sich zwar auf diesen Ebenen aus, scheint aber etwas Eigenes, eine eigenständige Kraft zu sein, die hinter alldem wirkt – sonst wäre es unangebracht, diese verschiedenen Beziehungen mit einem Begriff zu belegen. Für unser Thema steht die geschlechtliche Liebe im Vordergrund, aber wir sollten (und werden) auch diese zusammen mit dem allgemeineren Hintergrund betrachten.

Zunächst einmal gilt es, einen verbreiteten Irrtum aufzuklären: Es geht bei der Liebe nicht primär darum, geliebt zu werden. Das wünschen sich Kinder, und wer als Erwachsener diesem Wunsch Priorität einräumt, bleibt kindlich. Selbstverständlich möchte jeder auch geliebt werden, der Wunsch ist da und völlig in Ordnung. Aber er darf nicht im Vordergrund stehen, denn wenn wir Liebe bekommen wollen, verfehlen wir sie. Es geht darum, zu lieben. Die Liebe entsteht im Lieben. Das Geliebtwerden folgt dem Lieben wie ein Schatten, aber der Schatten ist nur da, wo ein Gegenstand ins Licht tritt. Dies ist das Lieben.

Vor Jahren, als ich einmal glaubte, bald sterben zu müssen, habe ich mich gefragt, ob ich etwas verpasst habe im Leben. Alle tatsächlichen oder möglichen Erlebnisse waren unwichtig in diesem Moment. Bedeutung hatte nur eine Frage: Habe ich genug geliebt? Das ist das Einzige, was zählt: Liebe ich genug?

Heute lechzt alles nach »Erlebnissen«. In meiner Region wurde kürzlich ein großes Waldgebiet, das wegen teilweiser militärischer Nutzung über ein halbes Jahrhundert lang nicht bewirtschaftet worden war, zum Nationalpark erklärt. Jetzt gehen die angrenzenden Gemeinden daran, die »Erlebnisqualität« der Natur zu vermarkten. Das ist der Zeitgeist: Erlebnisqualität. Ich hatte tolle Erlebnisse in Hülle und Fülle, aber sie zählen nicht wirklich. Der tollste Orgasmus ist nichts gegen einen kurzen Moment der Liebe. »Genug ist nicht genug, genug kann nie genügen«, hat Konstantin Wecker einst gesungen. Er meinte damit das Vergnügen, das Erleben-Wollen. Aber dieser Satz stimmt nur für die Liebe, besser noch: für das Leben – also nicht im Sinne von »haben wollen«, sondern im Sinne von »tun«.

Liebe hat eine einzigartige Qualität: Sie verbraucht sich nicht, sondern sie wächst, je mehr man liebt. Sie ist wie ein Fluss, der nach jeder Begegnung mit anderen Flüssen größer wird. Aber dies geschieht nur, wenn man liebt, nicht, wenn man nach Liebe verlangt. Das Lieben selbst ist der Fluss, die Nahrung. Sie ist nämlich kein Gegenstand, daher kann man sie nicht haben und nicht verzehren. Lieben ist eine Haltung. In dieser Haltung kommt man mit einer Schwingung in Verbindung, die uns von innen und von außen umfasst. Je mehr wir uns dafür öffnen, umso mehr lösen wir uns in dieser Schwingung auf.

Liebe ist nichts Persönliches

Liebe ist nichts Persönliches, obwohl sie sich auf der persönlichen Ebene ausdrückt. Sie ist eine Kraft, die jenseits von uns existiert, eine universale Kraft, etwas ganz Eigenes, von dem der Einzelne ergriffen werden kann. »Jenseits« ist dabei nicht räumlich zu verstehen, sondern heißt, dass sie unabhängig davon existiert, ob wir sie wahrnehmen oder nicht. Sie ist nicht machbar, nicht erstrebbar, nicht steuerbar – sie *ist* einfach.

Vielleicht gilt für die Liebe etwas Ähnliches wie das, was Don Juan, der Zauberer in Castanedas Büchern, über die Trauer sagt: »Trauer ist für den Zauberer nichts Persönliches. Es ist eigentlich nicht Trauer. Es ist eine Energiewelle, die aus den Tiefen des Kosmos kommt und die Zauberer trifft, wenn sie aufnahmefähig sind ... Trauer kommt nicht aus dem *Ich*. Sie kommt aus der *Unendlichkeit*.«* Auch die Liebe ist eine Energiewelle, die im Unendlichen

* Carlos Castaneda: *Das Wirken der Unendlichkeit*, Frankfurt 1998, S. 134.

(das heißt sowohl um uns wie in uns) ständig schwingt und die uns trifft, wenn wir darauf eingestimmt sind.

Ich habe das vor vielen Jahren einmal in einer Selbsterfahrungsgruppe erlebt, ganz jenseits persönlicher Beziehungen. Etwa ein, zwei Stunden nach einer tiefen Atemübung saßen wir im Kreis zusammen. Ich sah mich um, schaute dann jemanden an und fühlte eine Art Staunen – ich war mir über das Gefühl nicht ganz klar. Der Therapeut bemerkte etwas und fragte mich: »Was ist los?«

»Ich weiß es nicht«, antwortete ich, »aber ich glaube, ich liebe ihn.« Das kam einfach so aus mir heraus.

»Sag's doch mal an seine Adresse gewandt«, insistierte der Therapeut, »sag: ›Ich liebe dich.‹«

Ich folgte seinem Vorschlag, zuerst zögernd, aber dann ganz bestimmt, denn es war klar, dass es stimmte. Es handelte sich aber um nichts Persönliches. Das Gefühl war völlig überwältigend, ich schwamm in Liebe, sobald ich es ausgesprochen hatte, aber es war nichts Persönliches.

Dann ist mein Blick weitergewandert, durch den ganzen Kreis, und ich hatte dasselbe Gefühl für jeden Einzelnen. Ohne Unterschied. Ich liebte jeden. Es hatte nichts mit den Personen zu tun, es war in mir. Unglaublich! Ich war so voller Liebe, wie ich es in den kühnsten Träumen nie für möglich gehalten hätte, und ich war so glücklich wie nie zuvor in meinem Leben, die pure Glückseligkeit, ohne Wünsche.

Da war eine Frau aus Wien, eine Soziologin, die so vergrämt aussah, dass ich sie bis dahin kaum hatte anschauen können. Als mein Blick jetzt auf sie fiel, war da die gleiche Liebe wie zu allen anderen, vielleicht sogar noch etwas mehr. Ich sagte es ihr: »Dich liebe ich auch!« Sie hatte mich vorher ganz abwehrend angeschaut, aber jetzt brachen plötzlich die Tränen bei ihr durch – die Liebe hatte sie geschmolzen.

Abraham Maslow, einer der Begründer der »humanistischen Psychologie«, hätte das, was ich damals empfunden habe, wahrscheinlich als »Gipfelerlebnis« bezeichnet. Für mich war es dies auch. Ich erlebte Ähnliches noch einige Male, aber es ist nicht mein Alltag. Es hat mich jedoch – abgesehen vom Wert der Erfahrung, dass ich alle Menschen lieben kann – etwas ganz Wichtiges gelehrt, nämlich dass es nicht darauf ankommt, geliebt zu werden, sondern einzig und allein darauf, zu lieben. Dies erlebe ich seither immer wieder: Nur das Lieben erfüllt uns und macht satt, nicht das Geliebtwerden. Deshalb sollten wir unsere Anstrengung viel mehr dem Lieben widmen als dem Geliebt-werden-Wollen oder der Klage über fehlende Liebe.

Freilich können wir auch die Liebe nicht »machen«. Wir können lediglich dafür bereit sein. Dieses Erleben damals kam über mich, ohne dass ich weiß, woher und wieso. Und es ist auch wieder gegangen. Aber wenn es über mich kommen konnte, ist es Teil der Wirklichkeit; wenn es einmal eintreten konnte, ist es grundsätzlich da und kann öfter, vielleicht sogar immer geschehen. Es lag offenbar an mir, ich erlebte eine Öffnung, die mich mit der Liebe, die immer da ist, in Kontakt brachte.

Liebe als Aufgabe

Normalerweise verbinden wir Liebe mit einem bestimmten Menschen. Wenn die Begegnung mit einem anderen in uns die Liebe anrührt, dann mag es uns so vorkommen, als sei dies etwas vollkommen Neues und nur für diese Person Bestimmtes. Aber die Liebe, so plötzlich und heftig sie uns treffen mag, entsteht keineswegs aus dem Nichts. Sie war und ist immer schon da, in uns und um uns herum. Sie wird nur wieder geweckt, als ob sie eine Weile geschlafen hätte. Im anderen begegnet uns etwas, was unsere Seele bereits kennt.

Alles fängt an mit dem Gefühl, dass wir diesen einen Menschen haben wollen – ihm nah sein, ihn berühren, riechen, schmecken, ihn mit allen Sinnen erfassen und erleben wollen. Wenn wir uns richtig verlieben, wird alles auf diese eine Person ausgerichtet. Die Liebe ist für unser Leben so überragend wichtig, dass die gesamte Weltliteratur nur von zwei Dingen handelt: der Suche nach Gott und der Liebe. Wenn wir uns verlieben, sind wir mittendrin im ältesten Menschheitsdrama.

Nun haben wir zu Beginn dieses Buches festgestellt, dass Lust und Liebe zunächst einmal einem weit über den Einzelnen hinausgehenden Programm der Arterhaltung geschuldet sind. Der Taumel, in den wir da plötzlich geraten, ist also nicht so persönlich, wie wir meinen. Wir fühlen ihn zwar als etwas durch und durch Eigenes, Persönliches – persönlicher kann es fast nicht mehr werden –, aber es geht nicht (nur) um uns.

Wenn wir uns dies eingestehen, dann dämmert uns

vielleicht, dass wir zu unserem persönlichen Part in dieser Inszenierung weder das Drehbuch geschrieben haben noch Regie führen. Wir sind lediglich die Darsteller dramatischer, tragischer, komischer, tragikomischer, romantischer oder sonstiger Rollen auf der Bühne des Welttheaters. Das Stück ist nicht für uns da, sondern wir sind für das Stück da. Gewiss, es braucht den Akteur, ohne ihn könnte es nicht stattfinden, aber wir sind nur Darsteller in einem Stück, von dem wir nichts begreifen.

Konkreter: Wir meinen, eine Beziehung sei für uns da. Der Partner müsse unsere Bedürfnisse nach Liebe, Zärtlichkeit, Sicherheit, Geborgenheit, Lust, Abenteuer und was weiß ich noch alles erfüllen, und die Beziehung soll vielleicht auch unserem Wunsch nach Selbstverwirklichung dienen (oder ihm zumindest nicht im Wege stehen). Diese Einstellung entspräche derjenigen eines Schauspielers, der meint, das Theaterstück sei für ihn geschrieben, es müsse seinem Bedürfnis nach Ausdruck und seiner Selbstverwirklichung dienen.

Natürlich ist es genau umgekehrt: Er hat all seine Gaben und Fähigkeiten in den Dienst des Stückes und der Rolle zu stellen, er muss sich selbst, seine Ideen, Absichten, Befindlichkeiten, seine gesamte Persönlichkeit völlig vergessen oder in den Hintergrund treten lassen; nur dann kann er ein großer Schauspieler werden, und nur darin vermag er sich zu verwirklichen. Er wird er selbst, indem er sich aufgibt.

Die Liebe verlangt von uns das Gleiche: Selbstaufgabe. Wir werden, indem wir uns aufgeben. Das ist, wortwörtlich, die »Aufgabe«, die uns die Liebe auferlegt.

Alles andere ist kindlich. Tatsächlich tragen wir unendlich viele solcher Ansprüche in unsere Beziehungen. All die unerfüllten Sehnsüchte aus der Kindheit soll unser Partner erfüllen. Die Therapeutin Jirina Prekop erzählt in ihren Vorträgen gern die Geschichte von den enttäuschten Ehefrauen, die sich bei ihr darüber beklagen, dass ihr Mann in seiner Freizeit lieber zum Fußball gehe, als mit ihnen einen Spaziergang zu machen, und dass er überhaupt nicht mehr zärtlich sei, dass man bei ihm nicht einfach nur kuscheln und sich anschmiegen könne, sondern dass er dann gleich das eine wolle. »Ich sage diesen Frauen dann«, meint die vitale Mittsiebzigerin: »Was wollt ihr, seid doch froh, wenn der Kerl zum Fußball geht und nicht dauernd auf euch draufhockt, ja und das andere: Freut euch, wenn er noch richtig zur Sache gehen will.«

Tatsächlich, so die Therapeutin, suchen Frauen, die derart reden, im Mann ihre Mutter. Sie wollen von ihm die Zärtlichkeit und Geborgenheit, die ihnen in der Kindheit gefehlt hat. Es ist ein Kindergefühl, das der andere befriedigen soll, und dies kann er auf die Dauer nicht. In einer Beziehung Erwachsener hat so etwas nichts zu suchen.

Der Mann sucht natürlich das Gleiche bei der Frau. Unglücklicherweise fällt die Liebe meist auf einen Partner, der einem einerseits unbewusst die Erfüllung dieser kindlichen Bedürfnisse verspricht, andererseits aber selbst das Gleiche vom Partner erwartet. So wird das Spiel, das einst als Tanz der Hormone zum Zwecke der

Weitergabe des Lebens begann, früher oder später zum Spiel »Du hast nicht oder gibst mir nicht, was ich brauche«. Erwartungen, Ansprüche und Vorwürfe treten an die Stelle von lust- und liebevollem, freiwilligem und freiem Geben und Nehmen.

Zum Beispiel erwarten wir vom Partner, dass er uns versteht. Dieses Gefühl gehört eigentlich zur Mutter, es ist das, was das Kind von ihr möchte, etwa wenn es Hunger hat und schreit. Die Mutter hat es aber oft nicht verstanden, war nicht da, ist nicht darauf eingegangen, war gestresst und fühlte sich überfordert, hat geglaubt, sie müsse ihm einen Essensrhythmus anerziehen, oder hat es einfach nur missverstanden. Später ist sie dann vielleicht Erziehungsvorstellungen gefolgt, die zu ihrer Zeit als das Beste für das Kind galten, und hat deshalb dessen Bedürfnisse ignoriert, oder sie war mit eigenen Problemen so belastet, dass sie nicht hingehört und nicht bemerkt hat, was das Kind wollte.

Das Kind zieht sich innerlich zurück und lernt: Wenn ich meine Bedürfnisse zeige, werde ich nicht verstanden, nicht wahrgenommen, zurückgewiesen oder sonst wie enttäuscht. Wenn ich sie zurückhalte, bin ich sicher vor Enttäuschungen.

Dann verliebt es sich zwei Jahrzehnte später in einen fremden Menschen, und beide beginnen vorsichtig, sich einander zu zeigen und zu öffnen. Zuerst körperlich, dann auch seelisch. Manche, besonders Frauen, brauchen zunächst eine gewisse seelische Öffnung, bevor sie sich auf körperliche Nähe einlassen können, aber die tiefe seelische Beziehung folgt immer *nach* der körperlichen. Und mit der Zeit wagen sich vielleicht lange verschüttete Bedürfnisse nach draußen, und beide kommen in die seelische Situation des kleinen Kindes, das der Mutter hilflos ausgeliefert war.

Jetzt nimmt, ohne dass man es merkt, der Partner die Stelle der Mutter ein: Er kann, wie die Mutter, erfüllen und versagen, und alle Zufriedenheit, alles Wohlbefinden und Glück hängen von ihm oder ihr ab. Unglücklicherweise prägen unsere modernen Mythen, wie sie vor allem das Kino und die populäre Musik liefern, dieses Bild noch zusätzlich: »Du bist mein Leben«, »Ohne dich kann ich nicht sein«, »Du bist alles für mich«, »Du bist mein ganzes Glück« … Und wenn er dann einmal versagt oder missversteht, nicht will oder nicht kann oder eigene, andere Bedürfnisse hat, taucht die Verletztheit des Kindes wieder auf.

Je intimer eine Beziehung wird, je mehr das Paar sich einander öffnet, umso mehr erfährt der Einzelne die ursprüngliche Situation des hilflosen, ausgelieferten Kindes, und umso größer ist die Versuchung, im anderen die Mutter zu sehen und ihn mit kindlichen Ansprüchen zu überfordern. Denn es *ist* eine Überforderung. Der Partner kann diese Ansprüche nie erfüllen, sie sind ein Fass ohne Boden. Denn er oder sie *ist nicht* die Mutter, und was auch immer er oder sie tut, es ist nicht richtig, es genügt nicht. Einen Boden kann dieses Fass nur bekommen, indem man sich mit den Eltern und seiner Kindheit aussöhnt, so, wie sie war.

Es ist wichtig, das zu verstehen und zu verinnerlichen: Der Partner *muss nicht* meine Bedürfnisse erfüllen. Er darf nein sagen. Ich habe keinen Anspruch auf ihn, keinen Anspruch auf sein Ja.

Das heißt aber nicht, dass ich keine Bedürfnisse haben oder sie nicht zeigen darf. Das wäre der Tod der Beziehung. Mann und Frau finden ja deshalb zueinander, weil sie einander bedürfen, weil sie sich brauchen und durch die gegenseitige Erfüllung ihrer Bedürfnisse ergänzen und vervollständigen. Gerade in unserer Bedürftigkeit sind wir menschlich, und ebendarin bekommt die Beziehung einen Sinn. Aber das heißt nicht, dass der andere sie erfüllen muss. Bedürfnisse begründen keinen Anspruch.

Ansprüche sind kindlich, Bedürfnisse sind menschlich. Wir gehen auf erwachsene Weise damit um, wenn wir zu ihnen stehen, ohne ihre Befriedigung durch andere zu erwarten und einzufordern. Werden sie erfüllt, ist dies immer ein Geschenk.

Viele trauen sich nicht, ihre Bedürfnisse wirklich zu zeigen, weil sie Angst vor Ablehnung haben. Meist hat diese Angst nichts mit der Partnerschaft zu tun, sondern stammt aus früheren Erfahrungen – seien sie aus der Kindheit oder früheren Beziehungen. Dann hält man sie entweder zurück, oder man bringt sie in aggressiver Form, als Anspruch oder Forderung oder Klage vor (»Du könntest eigentlich mal …«, »Du nimmst mich nie in den Arm«), mit dem vorhersehbaren Ergebnis, dass der andere sich verweigert. Was man übrigens insgeheim oft auch möchte, denn wenn er es tatsächlich täte, entfiele ein Grund zur Klage. Und viele sind lieber unglückliche Opfer als glückliche Täter.

Spüren Sie mal nach: Nehmen wir an, Sie möchten von Ihrem Mann in den Arm genommen werden oder haben einen Wunsch an Ihre Frau – was fällt Ihnen leichter: es auf die obige Weise auszudrücken oder schlicht zu sagen: »Nimmst du mich bitte mal in den Arm?«, »Darf ich mich mal bei dir anlehnen?«, »Ich würde mich freuen, wenn du … für mich tust«?

Es ist also durchaus wichtig, seine Bedürfnisse zu zeigen und äußern zu dürfen, ich muss in einer Beziehung sagen können, was ich möchte und was mir wichtig ist, aber der andere ist frei, nein zu sagen. Und ich muss ihm in der Art und Weise, wie ich meine Wünsche äußere, spürbar machen, dass er auch nein sagen darf. Sonst wäre er ein Sklave, und das tötet jede Beziehung. Letztlich muss also jeder den Mut zur Enttäuschung aufbringen, und zwar sowohl den Mut, enttäuscht zu werden, als auch den Mut, zu enttäuschen. Dann ist man auf sich selbst zurückgeworfen. Wenn man das akzeptiert und praktiziert, beginnt das eigene Wachstum.

Die Paarbeziehung bietet aber auch die einmalige Chance, seine Bedürfnisse zu erkunden und zu entdecken. Die Liebe öffnet dafür den Raum und gibt den notwendigen Schutz. In der Bedürftigkeit sind wir nämlich nackt und ungeschützt, deshalb geben wir uns im öffentlichen Raum lieber »cool«; das heißt, wir geben vor, keine Bedürfnisse zu haben, über all diesem Gefühlskram zu stehen. Das ist aber keine Basis für eine Beziehung, sie macht dann keinen Sinn. Das Vertrauen und die Intimität, die durch die Liebe geschaffen wird, sollten die notwendige Sicherheit geben, um diese Maske fallen lassen zu können.

Oft ist es allerdings keine Maske, die man nach Belieben auf- und absetzen könnte, sondern ein scheinbar fester Bestandteil unserer Persönlichkeit. Es fällt uns schwer, uns anders als cool oder überlegen zu geben – oder noch schwerer: Wir kennen es gar nicht anders, wir wissen nicht, was wir uns eigentlich wünschen, unsere wahren Bedürfnisse sind uns völlig unbekannt. Hier bietet eine liebevolle und achtungsvolle Beziehung alles, um dem eigenen Wünschen, Begehren und Verlangen auf die Spur zu kommen und es nach außen zu bringen – auch wenn es dann nicht immer (in der Beziehung) erfüllt wird (und werden kann).

Eine Nebenbemerkung scheint mir wichtig. Viele Menschen verbinden die Suche nach Liebe und einer erfüllenden Beziehung mit einem spirituellen Weg. Nun propagieren die meisten spirituellen Traditionen die Idee der Bedürfnislosigkeit. Hier liegt ein Konflikt. Wer seine Wünsche zu überwinden trachtet, verlässt die Beziehung nämlich innerlich.

Ich muss da an einen Mann denken, der ein Experiment mit Lichtnahrung machte. Das heißt, er hat sich drei Monate lang nur von Licht ernährt, er aß nichts und trank – nach drei Wochen – lediglich etwas Wasser und Obstsaft. Wie das möglich ist, kann ich nicht erklären, aber ein befreundeter Arzt, der das Ganze für medizinisch unmöglich hielt, hat ihn begleitet und bestätigt, dass alles mit rechten Dingen zuging. Der Mann nahm auch nur anfangs ab, dann stabilisierte sich das Gewicht, und er war kerngesund und energiegeladen.

Er kam dann zu mir, weil seine Frau sich in dieser Zeit einen anderen Mann genommen hatte. In der Aufstellung zeigte sich, dass die Lichtnahrung der Auslöser dazu war. Sie wurde nicht mehr gebraucht.

Unsere Bedürfnisse lassen uns am Leben teilhaben, sie verbinden uns mit der Erde (und damit auch mit anderen Menschen). Durch sie stehen wir im Austausch mit der Erde, und je tiefer wir unsere Bedürfnisse erfahren und ihnen zustimmen, umso umfassender leben wir, umso tiefer tauchen wir in dieses Leben ein. Wenn wir uns in Bedürfnislosigkeit üben, entfernen wir uns von der Erde und auch von unseren Mitmenschen. Wer sich selbst genügt, mag zwar auf diese Weise auch zu Zufriedenheit und Glück gelangen, aber er entzieht sich dem Austausch und verliert damit seine Bindungsfähigkeit. Er schwebt sozusagen über den anderen.

Die Liebe ist also nicht das, was sie zunächst zu sein scheint, und eine Beziehung bringt nicht, was die meisten sich von ihr versprechen – vor allem nicht die Erfüllung kindlicher Bedürfnisse, Sehnsüchte und Ansprüche. Liebe und Beziehung sind, implizieren und fordern viel mehr. Sie geben viel, aber sie nehmen auch viel. Und sie geben dem am meisten, der selbst am meisten gibt.

Liebesfreud und Liebesleid

Die Liebe erscheint uns anfangs wie das Aufleuchten einer neuen Welt, eines neuen Horizonts zumindest, und sie zieht uns nach vorn, ins Unbekannte, in Neues. Nach einiger Zeit beginnen wir jedoch, an der Wirklichkeit dieses Neuen zu zweifeln, fragen uns, ob wir möglicherweise einer Fata Morgana aufgesessen sind, und brechen unsere Reise vielleicht enttäuscht ab.

Dies hängt nicht zuletzt damit zusammen, dass die Liebe nicht nur die Ahnung von etwas Neuem in uns weckt, sondern auch eine Erinnerung an etwas Altes – nämlich an die Verbundenheit mit der Mutter. Sie begegnet uns in jeder neuen Liebe.

Mit der Mutter waren wir einst auf die tiefste und innigste Weise verbunden. Wir waren neun Monate lang eingebettet in ihren Leib und ihr ganzes Dasein, sie hat für uns geatmet und gegessen, wir sind in und an ihr gewachsen und hatten Anteil an allem, was sie bewegte, an ihren Freuden und ihren Schmerzen, ihrem Leiden und ihrem Glück. Diese Verbundenheit, die ja eher eine Verschmelzung ist, liegt tief in unserer Erinnerung, und zwar als größtes Glück. Alles, was dieses Glück getrübt oder gestört hat, ist als Schmerz in uns gespeichert.

Eine neue Liebe aktiviert das unbewusste Wissen um die Seligkeit dieser Verschmelzung, und wir wünschen uns das Gleiche von der Beziehung mit dem Liebespartner. Und alles, was diesen Wunsch enttäuscht, erfahren wir als tiefsten Schmerz.

Hier liegt die Wurzel für vieles, was wir als Liebesfreud

und Liebesleid erfahren. Die Freude kommt immer dann, wenn wir uns dieser Innigkeit nähern, die Enttäuschung und das Leid kommen, sobald wir erfahren, dass die Verschmelzung am Ende doch nicht gelingt. Der andere bleibt immer anders, bleibt immer fremd, wie vertraut er auch sein mag. Wir sind allein.

Das Alleinsein begann mit der Geburt. Sie ist die Urerfahrung der Trennung. Sich diesen Vorgang genau anzuschauen, hat große Bedeutung; dann wird klar, wohin uns die Liebe führt und welche Rolle unsere Beziehungen dabei spielen.

Vom Mutterleib zur Welt

Die Geburt hat zwei Elemente: das schmerzliche, verlustreiche der Trennung von der Mutter und der ursprünglichen Geborgenheit und Verschmelzung, die wir in ihr erlebt haben – und das befreiende des Hineinwachsens in einen viel weiteren, ausgedehnten Kontext, der uns ein Wachstum ermöglicht, das im Bauch der Mutter an seine Grenzen gestoßen war. Dies vermittelt uns etwas von der Ambivalenz allen Wachstums: Es ist immer mit Trennung, stets mit Abschied verbunden. Und in jeder Trennung und jedem Abschied wohnt, um ein Wort von Hermann Hesse aufzugreifen, ein Neubeginn. Aber dieser Neubeginn muss das Vorherige vollständig hinter sich lassen, sonst wird ein Kreis daraus. Das Leben selbst drängt einfach nur vorwärts.

In diesem Urbild der Geburt sind viele, wenn nicht alle Themen unseres Lebens enthalten. Zum Beispiel zeigt es, dass Wachstum immer in die Weite hineinführt. Mit der Geburt werden wir aus der Enge des Mutterleibs in die (vergleichsweise) Weite der eigenen körperlichen Existenz entlassen. Waren wir vorher nur über die Mutter mit der Welt in Verbindung, sind wir es nun direkt. Später dehnt sich diese Bewegung auch auf die geistige Ebene aus. Jeder Schritt weg von der Mutter ist ein Schritt hinein in die Welt, ins Offene, Weite.

Wenn wir diese Entwicklung weiterverfolgen, können wir ahnen, dass auch der Tod kein Ende oder Zurück ist, sondern ein Übergang in eine noch weitere, unvorstellbare Weise des Seins. Ich nehme an, das Kind im Mutterleib kann sich den Zustand nach der Geburt ebenfalls nicht vorstellen, es erlebt die Geburt vielleicht als sein Ende. Tatsächlich *ist* sie ja sein Ende. Es wird von seiner Lebensquelle, dem mütterlichen Kreislauf, abgeschnitten. Das Ungeborene, das Teil des mütterlichen Organismus ist, muss zuerst sterben, ehe es als Kind, als eigenständiger Mensch, wieder auferstehen kann. Der Weg ins Leben ist also ein Weg fort von der Mutter, hinein in die Welt. Es gibt kein Zurück mehr.

Jede tiefe Liebesbeziehung erinnert uns unbewusst an die Einheit mit der Mutter, aber sie führt nicht wieder dorthin zurück, und sie kann uns auch nicht die Symbiose auf einer neuen Ebene wiederbringen, zum Beispiel als seelische Verschmelzung mit dem Partner. Sie führt im Gegenteil dazu, dass diese Hoffnung enttäuscht wird. Die Familie und der Partner können uns lediglich eine

Weile begleiten auf unserem Weg in die Welt, in die Unendlichkeit.

Vielleicht ahnen viele Menschen dies und lassen sich daher lieber erst gar nicht so ganz in die Liebe hineinfallen. Denn je tiefer man liebt, umso größer sind die Enttäuschung und der Schmerz. Die Verschmelzung und Einheit mit einem Menschen gibt es nicht mehr. Das Leben hat anderes mit uns vor. Der Verschmelzung mit einem Geliebten folgt unweigerlich die Trennung.

Auch hier liefert uns der Geschlechtsakt eine gute Anschauung: So intensiv, tief und erfüllend er sein kann, so nah er der Verschmelzung auch kommen mag, sie ist nie vollständig. Und am Ende steht immer die Trennung, schließlich gehen beide wieder auseinander und sind mit sich allein. Wir belasten unsere Beziehung über alle Maßen, wenn wir von ihr etwas wie Verschmelzung oder Einheit erwarten oder uns auch nur erhoffen.

Unsere Sehnsucht nach Geborgenheit, nach einem sicheren, guten Platz, nach Hingabe und Einheit muss über eine Person hinausgehen. Sie muss dorthin gerichtet sein, wohin wir mit der Geburt entlassen worden sind: in die Welt. Der Platz, der für uns der Mutterleib war, ist nun die ganze Erde. Dies zeigt uns der Vorgang der Geburt, aber wir kommen dorthin nicht durch intellektuelle Einsicht. Wir kommen dahin, indem wir bereit sind, immer wieder neu geboren zu werden und dabei, anstatt uns nur auf die Trennung und ihre Schmerzen zu fixieren, das Neue, Weite, Offene in den Blick nehmen, das uns dabei geschenkt wird.

Eine Liebesbeziehung unterstützt uns dabei. Und zwar hilft sie uns sowohl dadurch, dass sie uns die Kraft, die Süße und die Fülle der Liebe wahrnehmen und uns die Erfüllung erahnen lässt, die es uns bringt, wenn wir ganz in der Liebe aufgehen, als auch dadurch, dass sie uns enttäuscht; dass sie uns der Sehnsucht und Hoffnung beraubt, wir könnten je wieder mit einem Menschen so innig verbunden sein wie mit der Mutter vor unserer Geburt.

Für unser inneres Wachstum sind die Ent-täuschungen, die eine Beziehung mit sich bringt, vielleicht das Wichtigste daran. Sie decken nämlich unsere Illusionen, unsere Täuschungen auf und nehmen sie uns. Ich sage »vielleicht«, weil es auch etwas Nährendes, Aufbauendes geben muss. Bloße Zerstörung hält kein Mensch aus, zum Weitergehen, zu neuen Anfängen braucht er auch Kraft, Zuspruch, Richtung, von Zeit zu Zeit auch einen Platz zum Ausruhen, zur Sammlung und zu neuer Orientierung. Auch das kann und muss eine Beziehung bereithalten, sonst macht sie keinen Sinn (mehr). Aber die Enttäuschung ist ebenso unvermeidlich wie wichtig.

Wenn wir diesem Wandel zustimmen, werden wir selbst verwandelt. Das kann mitunter äußerst schmerzhaft sein, denn wir müssen dabei viele (Wunsch-)Bilder aufgeben und manchmal unsere tiefsten Überzeugungen sterben lassen. Sehr anschaulich beschreibt dies der Philosoph und Psychotherapeut Wolfgang Giegerich:

»Die Liebe ist das, was uns ein Gegenüber als ein Gegebenes und Gebendes, Schenkendes erfahren lässt. Nur die Liebe ist bereit, sich etwas geben zu lassen und sich von dem Gegebenen über seine Eigenart belehren zu lassen. Das Gegebene, das ist sozusagen die Definition für die ›Erde‹, für den ›Körper‹, die ›Wirklichkeit‹. Überall, wo Liebe ist, ist sie Liebe zur ›Erde‹; das gilt auch für die Liebe zu einem Menschen, denn was die Liebe in dem geliebten Menschen liebt, ist seine ›Erde‹, seine Wirklichkeit und Gegebenheit. Dadurch unterscheidet sich die Liebe ja von dem Eigensinn, der Selbstsucht, dass sie dem geliebten Gegenüber nicht ein Idealbild überstülpt und nicht vorwirft, mit dem eigenen Ideal, das man von ihm hat, nicht übereinzustimmen. Liebe ist die Bereitschaft, leidend (und auch die Beglückung ist ein *pathein*) zu erfahren, wie der Geliebte wirklich ist, und den Schmerz dieser Erfahrung nicht als Einwand gegen den Geliebten zu verwenden… Immer liebt die Liebe das Wirkliche, einfach weil es wirklich ist, und wo sie das nicht täte, d. h., wo sie nur deshalb liebte, weil etwas mit den eigenen Wünschen übereinstimmt, wäre sie keine Liebe.«*

Das macht unmissverständlich klar, dass die Liebe eine Aufgabe ist, die von uns nicht weniger verlangt, als dass wir unser Ego aufgeben. Um es anders zu sagen: Liebe dient nicht der Selbstverwirklichung, sondern wir haben

* Wolfgang Giegerich: *Die Atombombe als seelische Wirklichkeit. Versuch über den Geist des christlichen Abendlands*, Zürich 1988, S. 91 f.

der Liebe zu dienen – nur so können wir sie wirklich erfahren. Unser Selbst verschwindet dabei in der Liebe. (Ich unterscheide hier nicht zwischen Ego und Selbst, wie es in einigen psychologischen und esoterischen Denkrichtungen üblich ist. Ich habe nämlich beobachtet, dass das Konzept des Selbst und der Selbstverwirklichung dabei zumeist nur eine maskierte Form des Ego ist.)

Die Paarbeziehung stößt uns fast jeden Tag mit der Nase auf das, was Giegerich beschreibt: dass der Geliebte nicht unserem Bild entspricht. Und damit werden wir jeden Tag mit der Frage konfrontiert, ob wir im anderen nur unser Bild lieben, unsere Idee, oder ob wir ihn in seinem Sosein, in seiner Wirklichkeit nehmen und lieben können. Und auch hinsichtlich der Beziehung erleben wir Tag für Tag, ob wir an einer Idee, einem Bild von der Beziehung hängen oder ob wir sie in ihrem Sosein nehmen können. Die Liebe zerstört also unsere Ideen, sofern wir sie selbst nicht nur als Idee gelten lassen.

Das ist die große Gefahr: Wir vergöttern die Liebe als Idee und flüchten vor ihrer Wirklichkeit. Als Idee kann sie unbefleckt überleben, ohne uns wirklich zu berühren, aber erst in der Praxis wird sie wirklich und fruchtbar.

Ich erinnere mich an eine Frau, die vor Jahren einige Kurse bei mir besucht hat. Sie suchte die große, die wahre und vor allem die reine Liebe. Nun war diese Frau der Liebe in ihrer irdischen Gestalt schon häufig begegnet – sie war Ende dreißig und hatte fünf Kinder mit vier Männern. Außerdem hatte sie auf der Suche nach der wahren Liebe etliche Tantrakurse absolviert. Als das Thema wieder einmal zur Sprache kam, habe ich ihr gesagt: »Liebe macht Flecken.«

Sie meinte: »Na ja, das weiß ich schon, aber das ist ja eigentlich der Sex.«

»Nein, *Liebe* macht Flecken.«

Sie trennte zwischen einem Ideal und der Wirklichkeit der irdischen Liebe. Dann bleibt die Liebe immer im Land der Träume, und man kann sich wunderschön nach ihr sehnen. Diese Sehn-sucht hat tatsächlich Suchtcharakter. Denn wie jede Sucht trennt sie uns von der Wirklichkeit. Die ideale Liebe wird uns nie enttäuschen, dies ist der gewöhnlichen Liebe vorbehalten.

Wirksam wird die Liebe nur, wenn sie sich der Wirklichkeit aussetzt. Gleichzeitig gibt uns die Liebe die Kraft, dies auszuhalten. Denn die Enttäuschung und der Schmerz darüber, dass der andere nicht so ist, wie wir ihn gerne hätten – und über den Einzelnen hinaus: dass das Leben nicht so ist, wie wir es gerne hätten, dass die Welt nicht unserem Bild entspricht –, ist riesig. Wir halten dies nur aus (ohne zu resignieren oder zynisch zu werden), indem wir uns der Liebe anvertrauen. Wenn ich fühle und dazu stehe, dass ich den anderen trotzdem liebe, und dieser Liebe treu bleibe, verschwindet der Schmerz plötzlich. Und in der Folge verblasst mein Bild, treten die Ideen, wie der andere, wie das Leben, wie die Welt ist oder zu sein hat, in den Hintergrund und machen der Wirklichkeit Platz. Jetzt haben wir tatsächlich den Mutterleib verlassen und sind in der Welt angekommen. Und indem wir dort ankommen, fühlen wir uns dort, in der Weite des Daseins, auch zu Hause.

Dies alles schwingt mit, wenn wir fühlen und zu einem Menschen sagen: »Ich liebe dich.« Deshalb haben wir eine sehr berechtigte Scheu vor diesen großen Worten, und wir sollten sie nicht ständig im Munde führen. Die Liebe dient nicht der Erfüllung unserer Wünsche, sondern sie führt uns über uns selbst hinaus. Körperlich tut sie dies im gemeinsamen Kind und seelisch und geistig, indem sie uns die Tiefe der Existenz erschließt, in die wir mit der Geburt entlassen worden sind.

Das macht auch klar, dass wir sie verpassen, wenn wir ständig oder in periodischen Abständen nach anderen Partnern Ausschau halten, mit denen es besser klappen soll, und dann eine neue Beziehung eingehen. Dies macht nur dann Sinn, wenn die Liebe erloschen ist. Häufig trifft dies aber nicht zu, wenn ein Paar sich in einer Krise befindet, sondern wir stoßen nur an eine Grenze unserer Vorstellungen, der Partner oder die Beziehung entspricht ihnen nicht.

So berichtete eine Frau in einem Kurs, sie sehe ihren Mann und ihre beiden Söhne immer als Gruppe (»die Männer«) und fühle sich als Frau von ihnen getrennt; das bedrücke sie. Ich habe ihr vorgeschlagen, sie freundlich anzuschauen und innerlich zu ihnen zu sagen: »Gut, dass ihr da seid.« Dem konnte sie verstandesmäßig zustimmen, aber es blieb ein gewisser Widerstand (der damit zusammenhing, dass es in ihrer Familiengeschichte einige schlimme Ereignisse zwischen Frauen und Männern gegeben hatte). Am nächsten Tag sagte sie, sie sei voller Wut auf ihren Mann. Ich habe dann einen Stellvertreter für diesen genommen, sie ihm gegenübergestellt und sie gebeten, ihn anzuschauen. Der Mann hatte eine leichte Tendenz, sich zurückzuziehen, es kostete ihn Kraft, stehen zu bleiben. Da habe ich ihr vorgeschlagen, zu ihm zu sagen: »Ich liebe dich.«

Sie wartete einen Moment, dann sagte sie es mit sanfter, klarer Stimme. Es war wie die Feststellung einer Tatsache, aber sehr sanft. Nach einer kleinen Weile wiederholte sie den Satz noch einmal, und es war klar, dass er stimmte. Sofort verschwand seine Rückzugstendenz, er stand jetzt fest und schaute freundlich. Und sie wurde ganz weich.

Später habe ich dann eine Passage über Mann und Frau aus dem Manuskript dieses Buches vorgetragen. Am nächsten Tag fragte sie, was es bedeute, dass man in der Liebe sein Ego verliere, was denn dann käme. Eine Teilnehmerin meinte: »Das Selbst.« – »Nein«, habe ich geantwortet, »das ist nur ein Konzept. Für dich bedeutet es, in dein Herz zu gehen und ihm zu folgen.«

Sie nickte und sagte: »Ja, das stimmt. Damit kann ich etwas anfangen.«

Seinem Herzen zu folgen, kann aber sehr wehtun. Wenn das Herz sich weitet, schmerzt es. Denn darin ist immer der Abschied von Gewohntem enthalten, vor allem auch von der Sehnsucht des kleinen Kindes. Damit dieser Abschied im Innern gelingt, müssen wir das Kind in uns dort zurücklassen, wo es hingehört: in der Kindheit und bei unseren Eltern. Das bedeutet, dass wir beides so nehmen, ihm so zustimmen, wie es war. Dazu müssen wir unsere Liebe zu den Eltern wieder finden. Denn Abschied und Trennung sind nur in Liebe möglich.

Liebe, Ordnung und Familie

Jede Paarbeziehung ist auf eine neue Familie hin ausgerichtet. In Familien wirken aber bestimmte Ordnungen, die sich unmittelbar auf die Beziehung auswirken. Mancher Konflikt zwischen Paaren geht darauf zurück, dass diese Ordnungen durcheinander geraten sind. Das Problem dabei ist, dass sich dies oft hinter dem Rücken der Beteiligten vollzieht, dass es sich zum Teil um gänzlich unbewusste Prozesse handelt. Vor allem die von Bert Hellinger entwickelten Familienaufstellungen haben gezeigt, wie die Ordnungen aussehen und wie sie wirken. Dies möchte ich im Folgenden darlegen, ohne im Detail auf die Aufstellungsarbeit einzugehen.

Ordnungen der Liebe?

Ordnungen der Liebe hat Bert Hellinger sein erstes großes Buch über Familienaufstellungen genannt, und nicht wenige hat dieser Titel, diese Wortkombination sehr verstört. Liebe, so die verbreitete Auffassung, sei doch ein

Kind der Freiheit und Ordnung deren genaues Gegenteil. Das Wort klinge, wie ein Redakteur der Zeitschrift *Connection* mir in einem Interview einmal entgegenhielt, doch allzu sehr »nach Zwang und verstaubten Konventionen«. Damit brachte er sicher die Meinung vieler Zeitgenossen zum Ausdruck.

Mich hat dieser Titel damals elektrisiert – und zwar gerade wegen seiner scheinbaren Widersprüchlichkeit; seither sehe ich mich immer wieder dem Spannungsfeld von Liebe und Ordnung ausgesetzt. Dabei ist mir nach und nach klar geworden, dass zwischen Liebe und Ordnung bei aller Spannung kein Gegensatz existiert, sondern dass beide sich gegenseitig bedingen – ebenso wie Ordnung und Freiheit.

Aber es nimmt nicht wunder, dass dies – vor allem in Deutschland, wo »Zucht und Ordnung« eine unselige Vergangenheit haben – ein sensibles und ideologisch sehr befrachtetes Thema ist. Daher möchte ich einführend einige generelle Bemerkungen zum Thema Ordnung machen.

Es gibt nichts, was ohne Ordnung existiert. Alles, was ist, *ist* aufgrund einer Ordnung und bringt eine Ordnung zum Ausdruck. Ohne Ordnung gäbe es weder Sie noch mich und auch nicht dieses Buch. Ohne Ordnung könnten wir nicht miteinander reden. Sprache ist eine perfekte und höchst komplexe Ordnung, unser Körper ist eine perfekte Ordnung. Alles Sein ist auch Ordnung, ohne Ordnung gäbe es nichts.

Und Ordnung bedeutet ebenso Begrenzung. Jede

Kraft – mithin auch die Liebe und die Sexualität – entfaltet sich immer nur innerhalb von Grenzen, ja gerade wegen der Grenzen. Wo Kraft ist, da gibt es immer eine Ordnung, und da sind immer Grenzen. Man braucht nur in die Natur zu schauen, um dies zu sehen, auf den Wind und das Wasser. Manche meinen vielleicht, die seien unbegrenzt, aber das ist ein Irrtum: Ihre Kraft und Gewalt entstehen innerhalb von Grenzen und sind durch diese bedingt.

In Bezug auf die Liebe hat Bert Hellinger einmal gesagt, sie sei wie das Wasser – und die Ordnung wie der Krug. Er kleidet dies in ein sehr schönes Bild, ich möchte es daher ganz wiedergeben:

»Die Liebe füllt, was die Ordnung umfasst.
Sie ist das Wasser, die Ordnung der Krug.

Die Ordnung sammelt,
die Liebe fließt.
Ordnung und Liebe wirken zusammen.

Wie sich ein klingend Lied den Harmonien fügt,
so fügt sich die Liebe der Ordnung.
Und wie das Ohr sich schwer gewöhnt
an Dissonanzen, auch wenn man sie erklärt,
so gewöhnt sich unsere Seele schwer
an Liebe ohne Ordnung.

Mit dieser Ordnung gehen manche um,
als wäre sie nur eine Meinung,
die sie beliebig haben oder ändern könnten.

Doch sie ist uns vorgegeben.
Sie wirkt, auch ohne dass wir sie verstehen.
Sie wird nicht gedacht, sie wird gefunden.
Wir erschließen sie, wie Sinn und Seele,
aus der Wirkung.«*

Das Bild macht sehr sinnfällig, dass ohne eine begrenzende Form nichts wirken kann, auch die Liebe nicht. Es scheint mir allerdings etwas statisch, sodass man meinen könnte, die Ordnung sei etwas Unveränderliches. Das ist sie nicht. Sie bleibt zwar als Ordnung, aber sie wandelt sich. Ordnung ist immer Ordnung in Bewegung. Zum Beispiel sind die Organe unseres Körpers alle in einer klaren Struktur aufeinander bezogen, aber diese Gesetzmäßigkeit ist nicht statisch. Im Laufe der Evolution entwickelt sie sich, wenn auch in sehr langen Zeiträumen.

Die Ordnungen der Liebe sind uns zwar vorgegeben, aber ebenfalls nichts Zeitloses, Unveränderliches, sondern etwas Gewordenes. Dieses Werden vollzieht sich in sehr langen, evolutionären Zeiträumen und darf nicht mit Zeitströmungen verwechselt werden.

Ein Bild, das auch diesem Werden in langen Zeiträumen gerecht wird, ist das des Flusses. Er besteht aus dem Wasser und dem Flussbett, das durch die Ufer begrenzt

* Bert Hellinger: *Die Mitte fühlt sich leicht an*, München 1996, S. 123.

wird. Beides zusammen macht erst den Fluss. Wenn das Wasser aus der Erde tritt, findet es eine Landschaft vor, die ihm seinen Weg weist und es zugleich begrenzt. Es sind genau die Begrenzungen, die ihm seine Gestalt und die Kraft verleihen, die es braucht, um zum Ozean zu gelangen. Ohne diese Begrenzungen wäre das Wasser an der Oberfläche auseinander gelaufen und nach wenigen Metern versickert und verdunstet. Die Kraft des Wassers arbeitet aber auch an der Landschaft, es reibt sich an ihr, formt und verändert sie – und fügt sich ihr zugleich. Würde es sich nicht fügen, sondern nur gegen die Landschaft und seine Ufer ankämpfen, käme es nicht weiter.

Eine andere Sache ist es, dass jeder Fluss ab und an mal über die Ufer tritt. Damit die Grenzen sich verschieben, damit die Ordnung flexibel bleiben, dem Fluss des Lebens folgen und mit ihm wachsen kann, bedarf es auch der Verstöße, der gelegentlichen Rebellion. Ordnung und Unordnung stehen beide im Dienst einer größeren Ordnung. So wie beim Fluss: Er lehnt sich gelegentlich auf, überflutet und unterspült die Ufer, schleift, sich an ihnen reibend, härteste Steine ab und fügt sich doch wieder, indem er sich von seinen Grenzen, von der Landschaft den Weg weisen lässt. Genau dadurch ändert er sich auch.

Das, was wir Leben nennen, ist ein Ineinander von Ordnung und Auflösung. In jeder Ordnung wirkt bereits ihre Auflösung, in jeder Auflösung eine neue Ordnung, die auf der alten aufbaut. Die alte Ordnung ist auch in der neuen vorhanden und wirkt dort weiter. Und was auf der einen Ebene destruktiv erscheint, kann auf einer höheren einer größeren Ordnung dienen.

Mit dem Satz »Aus dem Chaos werden Sterne geboren« haben sich die verschiedenen antiautoritären und antitraditionalistischen Bewegungen des ausgehenden 20. Jahrhunderts auf die Seite des Chaos, der Revolte, der Auflösung, der »reinen« Energie (Liebe, Sex…) geschlagen. Sie übersahen, dass ein Stern bereits eine perfekte Ordnung ist. Ohne Ordnung wird gar nichts geboren, noch nicht einmal die Liebe.

Wie das Wasser sucht sich auch die Liebe ihren Weg und ihren Ausdruck, indem sie sich einer gegebenen Ordnung fügt und sich zugleich an ihr reibt. In dieser Ordnung nimmt sie Gestalt an, in der Paarbeziehung findet sie eine Form, die sie zugleich begrenzt als auch fließen lässt. Wie das Wasser des Flusses ist sie am Anfang wilder und ungestümer und am Ende breiter, behäbiger und ruhiger, und wie das Wasser bricht sie manchmal aus und übertritt die Grenzen. Ohne diese wäre sie jedoch kraftlos.

Liebe und Ordnung sind also keineswegs Gegensätze, sondern sie bedingen einander. Die Liebe findet ihre Grenzen und ihre Ordnung zuallererst in der Natur von Mann und Frau und im natürlichen Zweck der Geschlechterdifferenzierung, wie sie die Evolution hervorgebracht hat. Diese Grundordnung habe ich bisher beschrieben. Sie findet ihre Grenzen aber auch in den gesellschaftlichen Formen, die daraus im Laufe von hunderttausend Jahren hervorgegangen sind und die sich tief in unser Unterbewusstsein eingebrannt haben. Diese Grenzen sind keine willkürlichen Konstrukte, sie sind auch keine einengenden Hindernisse für die Liebe, sondern sie machen sie erst fruchtbar, so wie die Ufer einen Fluss erst zum Fließen bringen – vorausgesetzt natürlich, es sprudelt genügend Wasser aus der Quelle. Solche Formen sind die Bindung und ihre Folgen, der Ausgleich und die Ordnungen zwischen Eltern und Kindern.

Bindung, Ausgleich und Freiheit

Spielregeln

Ich habe des Öfteren vom »Mann-Frau-Spiel« gesprochen. Die Verwendung des Wortes »Spiel« verweist auf eine Ebene – wir können sie »kosmische Ebene« nennen –, die uns nicht zugänglich ist, in der das, was sich für uns als bitterster Ernst darstellt, vielleicht ganz anderen Regeln folgt: ein Spiel eben, in dem wir eine Rolle innehaben, aber Sinn und Zweck nicht kennen. Der Spielbegriff scheint mir geeignet, ein wenig Distanz zu unseren menschlichen Dramen und Tragödien zu schaffen.

Dies bedeutet allerdings nicht, dass man die Sache auf die leichte Schulter nehmen könnte. Im Gegenteil: Wie in jedem Spiel wird voller Einsatz verlangt; und wie jedes Spiel hat auch dieses bestimmte Regeln und Bedingungen, deren Verletzung rigoros bestraft wird. Wer sich nicht voll engagiert, nicht alles gibt in diesem Spiel, findet sich ganz schnell auf der Ersatzbank oder im Publikum wieder. Oder, um bei der Schauspielerei zu bleiben, er bekommt kein Engagement mehr. Auch dies, die Ersatzbank, die zweite Reihe, das Nicht-mehr-gefragt-Sein, das Zuschauenmüssen, sind Rollen. Manche finden sich damit ab, die überwiegende Mehrzahl möchte jedoch richtig mitspielen.

Für unser Thema heißt das: Die meisten suchen Liebe, eine Beziehung, die möglichst tief geht, ihnen möglichst viel gibt und möglichst lange hält; die meisten möchten auch Kinder und eine eigene Familie. Viele sind aber nicht bereit, den Preis dafür zu zahlen, die Mühen auf sich zu nehmen, die die volle Teilnahme an diesem Spiel erfordert. Oder sie verhalten sich lange Zeit so, als ob sie das Ganze nicht sonderlich interessierte (um dann, wenn's auf die vierzig zugeht, erschreckt festzustellen, dass es zu spät sein könnte). Oder sie spielen eine eigene Variante innerhalb des großen Spiels, wollen nach eigenen Regeln vorgehen, was natürlich in keinem Spiel funktioniert.

Voller Einsatz heißt: Ich muss mich ganz darauf einlassen. Was immer mein Part bei dieser Sache ist, ich werde nur dann zu ihrem Kern und auch zu mir selbst kommen, wenn ich ganz in meiner Rolle aufgehe. Dann erst entdecke ich das Spiel, lerne ich es in seinen ganzen Möglichkeiten kennen, und dann zahlt es mir auch alles zurück. Was ist der Einsatz in unserem Spiel, welches sind die wichtigsten Regeln?

Um diese Fragen zu beantworten, müssen wir uns noch einmal seinen Zweck vor Augen führen. Es geht um die

Erhaltung und Ausbreitung des Lebens durch Fortpflanzung. Unser Einsatz dabei sind wir selbst. Unser Beitrag besteht darin, dass wir uns geben und verbrauchen. Wir bringen uns in eine Beziehung hinein und geben uns an unsere Kinder weiter, und dabei verbrauchen wir uns. Das Leben geht weiter, indem es ständig neue Spieler hervorbringt. Je mehr von uns wir geben, je mehr wir uns im Geben verbrauchen, umso tiefer und intensiver wird das Spiel.

Bindung

Wenn wir uns auf das Spiel der Liebe und der Fortpflanzung einlassen, entsteht Bindung. Sie ist die Eintrittskarte und der Preis des Spiels. Ohne Bindung kein Spiel, ohne Spiel keine Bindung.

Was ist eigentlich Bindung? Zunächst einmal etwas, was wir beobachten können. Zum Beispiel kann man in Familienaufstellungen sehen, dass zwischen zwei Menschen, die eine sexuelle Liebesbeziehung hatten, auch nach Jahrzehnten, selbst nach einer Trennung, noch eine besondere seelische Verbindung besteht. Der Partner einer solchen Beziehung besetzt quasi für immer einen Platz in meinem Leben, den kein anderer mehr einnehmen kann.

Der erste Mann einer Frau wird immer ihr erster Mann bleiben. Und wenn jemand der zehnte ist, wird er sich nie vor die neun Vorgänger schieben können. Sein Platz ist der des zehnten Mannes, und er und sie müssen die neun vorangegangenen an ihrem Platz belassen und achten, wenn aus der Beziehung etwas werden soll. Die Frau müsste ihm also sagen: »Du bist mein zehnter Mann.« Das kann natürlich recht ernüchternd sein, aber wenn es so ist, erkennt man es besser an, als dass man versucht, es zu ignorieren.

Dies ist eine Beobachtung. Sie erklärt allerdings nicht, was Bindung ist und wie sie zustande kommt. Und wir wissen nicht, wieso wir mit manchen Menschen auf diese Weise verbunden oder gar an sie ge-bunden sind und mit anderen bzw. an andere nicht. Denn es ist generell so, dass jede Erfahrung, die ich in meinem Leben gemacht habe, und jeder Mensch, dem ich begegnet bin, zu mir und meinem Leben gehört und dass jeder, der später kommt, mich nur mit diesen Erfahrungen haben kann.

Es muss also etwas geben, was über die normalen Begegnungen hinausgeht. Dieses Etwas ist die Sexualität in ihrer Eigenschaft als Leben spendende Kraft. Die Bindung hängt mit der Sexualität zusammen, genauer gesagt mit dem Geben und Nehmen des Lebens.

Wir können uns das klar machen, wenn wir auf ein Kind schauen. Das Kind ist die Frucht der sexuellen Begegnung von Mann und Frau. Im Kind existieren sie in gewisser Weise fort. »In gewisser Weise«, weil sie nicht als Person oder als Individuum weiterexistieren. Aber sie geben das Leben weiter, so, wie es ihre Eltern an sie weitergegeben haben. Durch die Eltern fließt sozusagen der Lebensstrom, und das Leben pflanzt sich fort durch sie.

Genetisch besteht jedes Kind zu je fünfzig Prozent aus Vater und Mutter. In diesem Sinne erstrecken sich also beide in ihre Kinder hinein, und sie sind im Kind untrennbar miteinander verbunden. Es ist die Fleischwerdung, die Inkarnation ihrer Verbindung, ihrer sexuellen Begegnung, ihrer Liebe. Insofern sind sie im Kind immer aneinander gebunden, auch dann, wenn die Beziehung zerbricht.

Das Kind entsteht allerdings nicht aus der Liebe, sondern aus dem Vollzug der Sexualität, und zwar der gegengeschlechtlichen; denn nur diese schafft neues Leben. Daher ist es die Sexualität, die zur Bindung führt, nicht die Liebe. Eine so genannte platonische Beziehung erzeugt keine Bindung, eine sexuelle, in der die Zeugung ausgeschlossen ist, zumeist auch nicht. (Eine homosexuelle Beziehung also normalerweise ebenfalls nicht. Vielleicht gibt es aber in manchen Fällen ein Element bei gleichgeschlechtlichen Paaren, das der Fruchtbarkeit der heterosexuellen Zeugung nahe kommt und daher auch Bindung stiften kann. Da ich hierüber zu wenig Erfahrungen habe und Beobachtungen machen konnte, möchte ich dies offen lassen.)

Die Liebe spielt zwar dennoch eine Rolle, aber eher indirekt. Ein Paar, das sich in Liebe auf die Sexualität einlässt, bekundet damit implizit die Bereitschaft, sich miteinander fortzupflanzen und in einem Kind zu verbinden. Die Liebe ist eine Art unausgesprochenes Versprechen auf ein gemeinsames Leben und gemeinsame Kinder, zumindest fasst unser Unterbewusstsein dies so auf. Daher erfahren wir eine Beziehung, in der Liebe und Sexualität verbunden sind, zumeist als Bindung, auch dann, wenn sie auseinander geht, ehe Kinder kommen.

Ähnlich verhält es sich mit Verlobung und Heirat: Sie sind ein – diesmal öffentliches – Versprechen auf eine gemeinsame Zukunft und, da die Ehe natürlicherweise auf Nachwuchs ausgerichtet ist, auch auf gemeinsame Kinder. Daher binden beide die Partner aneinander, unabhängig davon, wie die Sache ausgeht.

Nun stehen heute Autonomie und Unabhängigkeit höher im Kurs als Bindung. Viele suchen sie zu meiden, indem sie zum Beispiel als Paar zusammenleben, ohne zu heiraten. Das ist für das Paar in mehrfacher Hinsicht problematisch.

Zunächst einmal ist es illusionär, zu meinen, man entgehe so der Bindung. Auch unverheiratete Paare sind aneinander gebunden, die Seele macht da keinen großen Unterschied. »Eben«, mag jetzt mancher Ehegegner sagen, »wozu dann heiraten? Es reicht doch, dass wir beide uns so aufeinander einlassen!« Wenn sie sich wirklich ganz einließen, würde es vielleicht tatsächlich reichen. Aber in den weitaus meisten Fällen, die mir begegnet sind, stand hinter der Entscheidung, nicht zu heiraten, ein Vorbehalt. Und zwar nicht nur ein Ressentiment gegen die Ehe als staatliche und moralische Institution, sondern auch gegen die Bindung oder gegen den Partner.

Einfach gesagt: Wer seinen Partner nicht heiraten will, sagt nicht ganz ja zu ihm. Er/sie möchte sich nicht festlegen. Indirekt sagt er/sie: »Mal sehen, wie es läuft, ich halte mir eine Ausstiegsoption offen.« Dahinter steckt oft eine Weigerung, ganz erwachsen zu werden.

Mit einer Heirat sorgt man für klare Verhältnisse. Gewiss kann die Ehe scheitern, aber man kalkuliert den

Schiffbruch nicht gleich mit ein – es sei denn, man macht einen so genannten Ehevertrag. Dann kann man es auch gleich bleiben lassen. Die Heirat ist ein Schritt über eine Schwelle, ein Bekenntnis zum Partner und zur Beziehung. Das Nichtheiraten ist die Verweigerung dieses Schritts und dieses Bekenntnisses.

Eine Bindung entsteht aber auch aus einer bloß flüchtigen sexuellen Begegnung, wenn dabei ein Kind gezeugt wird. Denn mit der Zeugung ist diese Begegnung fruchtbar geworden, egal, ob die Betroffenen dies wollen oder nicht. Das Leben nimmt, wie ich bereits dargelegt habe, in seinem Drang, sich selbst zu erhalten, auf den Einzelnen keine Rücksicht. Jeder »Unfall« führt also zur Bindung, auch dann, wenn das Kind nicht zur Welt kommt. Wird es abgetrieben, entsteht sogar eine noch tiefere Bindung. Denn der Schwangerschaftsabbruch ist ein Eingriff ins Leben. Hier wird es wieder genommen. Und ebenso wie das Geben führt auch das Nehmen des Lebens zur Bindung.

Wer also, dies sei hier nur der Vollständigkeit halber erwähnt, jemanden umbringt, ist ihn nicht etwa los, sondern ein Leben lang an ihn gebunden (daher ist das deutsche Volk keinem anderen so verbunden wie dem jüdischen; äußerst starke Bindungen bestehen ebenfalls mit Völkern, mit denen es die meisten Kriege gab, also Frankreich und Russland). Ebenso verbinden sich Soldaten, die die Frauen des Feindes vergewaltigen, ironischerweise mit dem Feind, und zwar durch die Tat wie durch das Leben, das dadurch unter Umständen gezeugt wurde.

Bindung entsteht also im Geben und Nehmen des Lebens. Wer Bindung, wer eine feste, tiefe Beziehung möchte, muss sich in den Dienst der Weitergabe des Lebens nehmen lassen. Wer sich umgekehrt, sei es bewusst oder unbewusst, darauf eingelassen hat, ist gebunden. Wie tief die Bindung ist, sieht man daran, wie schwer es ist, sich aus einer Beziehung zu lösen, und daran, welche Folgen eine leichtfertige Trennung hat.

Äußerlich können wir heute jede Bindung lösen, innerlich jedoch nicht. Konkret: Ich kann mich scheiden lassen, aber die Bindung an meine Frau besteht fort. Eine gewisse Freiheit mag ich erlangen, wenn ich diese Bindung mit all ihren Folgen anerkenne, sie und die Frau und alles, was ich mit ihr erlebt habe, als Teil meines Lebens achte und in meinem Herzen bewahre. Hat es dort, in meinem Herzen, einen guten Platz, gibt mir die Liebe die Freiheit, weiterzuschreiten und vielleicht neue Bindungen einzugehen. Wenn man aber eine frühere Bindung ignoriert, als Irrtum abwertet oder eine feste Beziehung leichtfertig aufgibt, wirkt sich dies sowohl negativ auf spätere Liebesverhältnisse aus als auch auf Kinder aus dieser oder einer späteren Partnerschaft. In der Literatur zu Familienaufstellungen sind diese Zusammenhänge ausführlich dargestellt und belegt. Für unser Thema dürfte das Gesagte genügen.

Daraus ergibt sich, dass wir in und aus Bindungen nicht beliebig ein- und aussteigen können. Sexuelle Beziehungen haben, sobald sie auf eine gewisse Dauer ausgerichtet sind oder fruchtbar werden, Folgen, die sich auf jede weitere Beziehung auswirken. Diese Folgen ergeben sich jenseits aller moralischen Vorstellungen, sie sind sozusagen Bestandteile des Spiels. Wenn wir aber die Bindung bejahen, geht sie tiefer. Je mehr ich in einer Beziehung gebe und je mehr ich nehme, umso reicher und tiefer werden die Beziehung und die Bindung. Merkwürdigerweise wird aber auch die Freiheit umso größer. Bevor ich darauf eingehe, möchte ich mich jedoch noch einer anderen wichtigen Spielregel zuwenden, dem Ausgleich.

Der Ausgleich

Der Ausgleich spielt in allen menschlichen Beziehungen eine herausragende Rolle. Wenn wir etwas gegeben haben, erwarten wir dafür etwas zurück; bekommen oder nehmen wir etwas, fühlen wir uns dem Geber gegenüber verpflichtet. Gleichen wir dies nicht aus, entsteht ein Gefühl von Schuld. Ist es ausgeglichen, sind wir »quitt«. Das Wort »quitt« kommt vom lateinischen *aequus*, was »gleich« bedeutet. Die Beziehung befindet sich damit also wieder im Gleichgewicht, die Bilanz von Geben und Nehmen ist ausgeglichen.

Im gesellschaftlichen Umgang ist die heute übliche Form des Ausgleichs die Bezahlung. Ich bekomme etwas und bezahle, oder ich gebe etwas und erhalte Geld dafür. Mit dieser Art des Ausgleichs fühlen sich, wenn er fair ist, alle gut. Beide bekommen etwas, was sie haben möchten oder brauchen können, und somit gewinnen beide etwas. Geben und Nehmen führen also, wenn es funktioniert, für alle Beteiligten zu einem Gewinn.

Mit dem Ausgleich durch Bezahlung ist die Beziehung jedoch vorbei. Sie kann zwar jederzeit wieder neu aufgenommen werden, aber wenn man quitt ist, ist man quitt. Das gilt für jede Art des Ausgleichs, bei der das Nehmen durch ein Äquivalent, also ein Geben, das den gleichen Wert hat wie das Genommene, wettgemacht wird. Wenn keiner mehr in der Schuld des anderen steht, sind beide frei für den weiteren Austausch mit jemand Neuem.

Auch in der Paarbeziehung spielt der Ausgleich von Geben und Nehmen eine wichtige Rolle, aber die Umstände sind hier anders. Eine Beziehung ist nicht darauf angelegt, dass man mit dem Partner möglichst schnell quitt ist, denn dann wäre die Beziehung vorbei. Ganz im Gegenteil: Beide möchten, dass sich die Bindung vertieft.

Daher ist es keine gute Idee, eine Paarbeziehung nach den Regeln des gesellschaftlichen Austauschs zu gestalten. Diese Regeln haben sich nämlich entwickelt, um den freien Warenverkehr zu ermöglichen, bei dem jeder nach erfolgtem Austausch frei ist; die beteiligten Personen sind in diesem Vorgang völlig austauschbar.

In einer Partnerschaft wollen wir das genaue Gegenteil: Der Partner soll weder beliebig noch auswechselbar sein, und die Beziehung soll sich vertiefen. Deshalb sind alle Formen des gesellschaftlichen Verkehrs, wie zum Beispiel der bereits erwähnte Ehevertrag, in einer intimen Beziehung fehl am Platz. Anstatt ihr zu dienen, machen sie daraus eine geschäftliche Angelegenheit.

Da ich das Thema Ehevertrag bereits wiederholt erwähnt habe, möchte ich ein kleines Beispiel erzählen.

In einem Kurs war ein Paar, das seit einigen Jahren zusammenlebte, aber große Probleme hatte. Beide meinten, sich nicht richtig aufeinander einlassen zu können – bzw. dass der Partner dies nicht könne. Auf meine Frage, warum sie nicht verheiratet seien, sagte die Frau, daran zeige sich genau das Problem: Sie hätte gern heiraten wollen, er bestehe jedoch auf einem Ehevertrag. Das wollte sie aber nicht, und jetzt wisse sie nicht, ob sie ihn überhaupt noch heiraten möchte.

Ich habe daraufhin eine kleine Aufstellung gemacht. Ich bat die Frau, aus dem Kreis der Kursteilnehmer eine Person für sich selbst, eine für ihren Partner und eine für »den Ehevertrag« aufzustellen.

Der Mann, der für den Ehevertrag stand, wurde nach kurzer Zeit ganz unruhig. Die beiden anderen schauten hauptsächlich auf ihn, und je länger es dauerte, umso mehr steigerte sich seine Unruhe. Er wurde fast panisch, und als ich ihn fragte, wie es ihm gehe, sagte er ganz aufgebracht: »Das ist völlig bekloppt hier, ich weiß überhaupt nicht, was das soll, hier wird alles auf mich abgewälzt. Die spinnen ja, ich halte das nicht aus, ich habe hier nichts zu suchen.«

In eine Paarbeziehung gehört die gesellschaftliche Form des Ausgleichs nicht hinein. Hier gibt man, indem man nimmt; hier gleicht man nicht dadurch aus, dass man ein Äquivalent zurückgibt, sondern durch bedingungsloses Geben und Nehmen.

Deshalb ist es äußerst problematisch, den Privatbereich nach gesellschaftlichen Vereinbarungen zu organisieren. Das gilt sowohl für rechtliche Regeln als auch für marktwirtschaftliche Formen. Die Idee zum Beispiel, Hausarbeit zu bezahlen, zerstört die Familie und die Würde der Frau. Welcher Fortschritt soll darin liegen, dass sie wie eine Angestellte ihren Lohn bekommt? Das bringt sie auf die Ebene einer Bediensteten. So würde die Ehe dann tatsächlich zum Geschäft. Unter der gesellschaftlich-politischen Idee der Gleichheit mag dies zwar Sinn machen, aber es verkennt, dass die Paarbeziehung etwas grundsätzlich anderes ist als eine vertragliche Partnerschaft.

Dies gilt, nebenbei bemerkt, auch für die übrige Familie, also die Beziehung zwischen Eltern und Kindern. Ich erinnere mich an einen Mann, der mit einer schweren Psoriasis zu mir kam, also mit einem schmerzhaften Ausschlag an Händen und Armen.

In der Aufstellung, die ich mit ihm machte, konnte sein Stellvertreter nicht zum Vater hinschauen. Auf Befragen ergab sich, dass der Mann seinen Vater erfolgreich verklagt hatte, ihm sein Studium zu finanzieren. Er hatte also ein Recht in Anspruch genommen, aber seine Beziehung zum Vater war zerstört. Zugleich hatten das Männliche und das Väterliche in ihm selbst Schaden genommen. Seine Ehe war geschieden, die Beziehung zu den Kindern schwierig.

Wir führten ein Ritual durch: Er musste sich vor den Stellvertreter seines Vaters knien, die Stirn bis zur Erde gebeugt, die Hände dem Vater bittend entgegengestreckt, und sagen: »Bitte, Vater. Bitte lass mich wieder dein Sohn sein. Es tut mir Leid.«

Dieses Ritual konnte gelingen, weil er tatsächlich bereute. Das – weder von mir noch von ihm erwartete – Ergebnis war, dass seine Psoriasis am nächsten Tag verschwunden war. Inzwischen sind einige Jahre vergangen, und sie ist fast völlig zurückgegangen. Nur gelegentlich meldet sie sich ein wenig, wenn er Stress hat und die Dinge aus dem Ruder laufen.

Kinder besitzen gegenüber ihren Eltern keine Ansprüche! Sie haben alles bekommen (weil sie das Leben bekommen haben). Wer mehr will, den bestraft sein Gewissen. Die Familie ist keine Gesellschaft, in der alle gleich sind. Manche gut gemeinten Einmischungen des Staates zum Schutz der Kinder haben für diese schlimmere Auswirkungen als mangelnde elterliche Fürsorge. Und auch für die Paarbeziehung ist manches schädlich, was im gesellschaftlichen Verkehr gut und nützlich ist.

Eine Paarbeziehung wird weniger dadurch gefährdet, dass Geben und Nehmen nicht im gleichen Verhältnis zueinander stehen, als dadurch, dass die beiden Partner nicht mit vollen Händen und ganzem Herzen und ohne Rücksicht auf Verluste geben und nehmen. Ja, das vorbehaltlose Geben, das nicht danach fragt, was man zurückbekommt, und das ebenso vorbehaltlose Nehmen, das nicht danach fragt, was man dafür geben muss, steht an der Wiege der Beziehung und begründet sie.

In der Partnerschaft erfolgt der Ausgleich dadurch, dass ich alles, was mir vom anderen gegeben wird, als Geschenk nehme. Verweigere ich das Nehmen, oder versuche ich, durch eine Gegengabe zu bezahlen, fühlt sich der Gebende zurückgewiesen.

Wenn ich einem Menschen eine Freude machen möchte und ihm etwas schenke (egal, ob es etwas Kleines oder etwas sehr Kostbares ist) und er sich ziert, indem er etwa sagt: »Das kann ich doch nicht annehmen«, oder gar darauf besteht, mein Geschenk sofort mit Gleichem zu vergelten, fühle ich mich und mein Geschenk nicht geachtet. Denn es geht ja gerade darum, dass ich etwas *schenken* will. Dies wird am besten gewürdigt, wenn der andere sich freut und das Geschenk als solches, als wirkliches Geschenk also, nimmt und dankt. Damit ist alles ausgeglichen.

Es hat allerdings eine Konsequenz: Es vertieft die Partnerschaft. Je mehr auf diese Weise geschenkt und genommen wird, umso tiefer (und reicher) wird die Beziehung. Schließlich wird daraus eine Bindung: Der Ausgleich durch Nehmen führt zur Bindung.

Dies macht auch aus einer anderen Perspektive noch einmal deutlich, wieso die Sexualität (im Sinne vom Geben und Nehmen des Lebens) zur Bindung führt: Sobald sie fruchtbar wird, entsteht das Größte, was der Mensch erschaffen kann (genauer: was die Natur durch den Menschen schafft), nämlich neues Leben. Und dies entsteht, indem der eine (der Mann) gibt und die andere (die Frau) nimmt. Das erklärt, wieso die Zeugung wie nichts anderes bindet. In einer allgemeineren Sicht kann man sagen, dass Bindung durch den Ausgleich im Nehmen entsteht. Je intensiver der Austausch ohne Gegengabe ist, umso tiefer wird die Bindung.

Instinktiv wissen wir das alle. Wenn uns ein Mensch ständig beschenkt, werden wir vorsichtig. Wir ahnen nämlich, dass daraus eine Beziehung oder gar Bindung entstehen könnte, wenn wir die Präsente annehmen. Deshalb ist es uns peinlich, sobald uns jemand etwas schenkt, mit dem wir keine intime Beziehung wollen, und weisen das Angebotene entweder zurück oder gleichen es durch eine Gegengabe aus.

Wenn ein Mann eine Frau zum Essen einlädt und bezahlt, ihr Blumen oder Schmuck schenkt, weiß die Frau, dass er etwas von ihr möchte. Entweder will er »das eine«, oder er möchte mehr, nämlich eine Beziehung. Manche Männer haben es zur Strategie entwickelt, dass sie eine Frau so lange mit kleinen oder größeren Einladungen und Geschenken umwerben, bis diese schließlich dem Gefühl, etwas zurückzahlen zu müssen, nicht mehr standhalten kann. Sie muss ihm dann entweder etwas wiedergeben oder ihn endlich nehmen, also eine Beziehung mit ihm anfangen. Wenn sie ihn loswerden möchte, kann sie ihm sogar eine Nacht schenken, bei der sie die Gebende und er der Nehmende ist – dann sind sie quitt.

In der Paarbeziehung vollzieht sich der Ausgleich also nicht direkt und auf gleicher Ebene durch Zurückgeben, sondern indirekt durch Nehmen. Im Nehmen wird der Gebende gewürdigt, ebenso wie im bedingungslosen Geben der (die) Nehmende gewürdigt wird. Diese Würdigung *ist* der Ausgleich.

Wir empfinden diese Würdigung auch als Liebe. Darin werden wir nämlich vom anderen als Person gesehen, die uns so viel bedeutet, dass wir ihr etwas Großes ohne Bedingung zu geben bereit sind oder dass wir uns von ihr beschenken lassen.

Das Große ist bei der Sexualität zwischen Mann und Frau ein Kind. Die größte Würdigung besteht darin, dass wir eine Frau als Mutter oder einen Mann als Vater unserer Kinder zu nehmen bereit sind. Es genügt dabei, wenn eine Beziehung dies grundsätzlich zum Inhalt hat – es ist also durchaus vereinbar mit Verhütung und Geburtenkontrolle. Wenn ein Paar dies aber per se ausschließen möchte, ist die Beziehung auf Sand gebaut. Es fehlt nämlich das volle Geben und Nehmen.

Indem wir ganz und bedingungslos geben und nehmen, sind wir glücklich. Und zwar ist die Frau am glücklichsten, wenn sie nehmen kann (was voraussetzt, dass er gibt), und der Mann, wenn er geben kann (was voraussetzt, dass sie nimmt).

In diesem Zusammenhang ist interessant, dass Männer sich nach dem Orgasmus oft leer, traurig oder leicht depressiv fühlen. Man spricht auch von der postkoitalen Traurigkeit oder Depression des Mannes, als sei dies etwas Natürliches. Diese Depression tritt ein, wenn Geben und Nehmen nicht vollständig waren. Der Mann verliert dann beim Geschlechtsakt Energie. Sein Samen wird quasi nicht aufgenommen, er wird nur verschleudert.

Dies ist der Fall, wenn beide sich gegenseitig zur Lustbefriedigung benutzen (was in den besten Beziehungen vorkommen kann). Dann wollen nämlich beide nur nehmen, oder es ist ein Geschäft auf Gegenseitigkeit (ich gebe dir meine Lust und nehme mir deine), und am Ende merkt der Mann, dass er doch etwas abgegeben hat. Er hat nämlich Energie verloren, während sie welche gewonnen hat.

Beim rein sexuellen Akt verliert der Mann immer Energie. Das Gleiche gilt, wenn nur einer von beiden liebt und der andere ihn lediglich zur sexuellen Befriedigung benutzt. Das ist wie Selbstbefriedigung. Es ist nicht verwerflich, manchmal auch als Druckventil ganz gut, wenn man eine gute Technik entwickelt, sogar ekstatisch, aber tief drinnen bleibt es irgendwie unbefriedigend und macht nie glücklich.

In einem *Liebesakt* hingegen, wo er bereit ist, sich der Frau zu schenken, und sie bereit ist, sich von ihm beschenken zu lassen und ihn ganz in sich aufzunehmen, fühlt er sich auch nach dem Akt nicht leer. Denn indem sie ihn genommen und er sich ihr gegeben hat, hat er das, was er auf sexueller Ebene gibt, auf einer anderen Ebene (der des Herzens) zurückbekommen. Dazu muss die Frau aber nicht bewusst etwas geben – das zerstört den Vorgang sogar –, sondern sie muss nur aus ganzem Herzen nehmen. Das nährt wiederum sein Herz: Er fühlt sich als Mann gesehen und genommen und ist glücklich. Die Liebe – das liebende Nehmen(!) – gleicht alles aus.

Aus dieser Sicht wird auch noch einmal deutlich, weshalb es unangemessen ist, wenn intime und familiäre Beziehungen nach gesellschaftlichen Mustern gestaltet werden: Der gesellschaftliche Austausch, der Ausgleich durch gleichwertiges Geben (Ökonomen nennen dies »Äquivalententausch«) ist gerecht, aber er macht nicht glücklich (dieser Ausgleich charakterisiert übrigens die Beziehung zwischen einer Prostituierten und einem Kunden; daher entsteht dort auch keine Bindung, und zwar deshalb nicht, weil bezahlt wird). Glück erfahren wir nur im bedingungslosen Geben und bedingungslosen Nehmen.

Freiheit

Ich habe gesagt, mit der Bejahung und Vertiefung der Bindung vertiefe sich auch die Freiheit. Das klingt merkwürdig, ist aber ganz einfach, sobald wir uns von abstrakten, theoretischen Freiheitsbegriffen lösen und unserer eigenen Wahrnehmung vertrauen. Wenn ich einen Menschen liebe und dieser Liebe treu bin, bin ich frei. Ich bin ja einverstanden mit dem, was ist; einverstanden mit dem anderen, wie er oder sie ist, und einverstanden mit meiner Liebe. Ich brauche dann noch nicht einmal seine Liebe. Die beiderseitige Liebe ist vielleicht notwendig, damit eine Beziehung Bestand haben kann, aber wenn nur einer liebt, ist er trotzdem frei. Er bleibt dies auch, wenn der andere die Liebe nicht erwidert.

Liebe heißt Zustimmung zur Wirklichkeit, so wie sie ist; Zustimmung zu einem Menschen, so wie er ist; und auch: Zustimmung zu mir, so wie ich bin. Die Freiheit entsteht in der und durch die Zustimmung und Übereinstimmung. Oder durch das Einverstandensein mit dem, was ist. Wie geht das? Wie kann man mit all den Schrecknissen, mit dem »Bösen« dieser Welt oder auch nur den Tiefschlägen des eigenen Schicksals einverstanden sein?

Ich erinnere mich an einen Tag von vor gut zwanzig Jahren. Es war abends zwischen zehn und elf, ich hatte mich gerade ins Bett gelegt, als das Telefon klingelte. Am anderen Ende war meine Mutter. »Papa ist mit dem Auto verunglückt.« Sie berichtete mir in kurzen Worten, dass er nach Bonn in die Uniklinik eingeliefert worden (was immer ein Zeichen großer Lebensgefahr ist) und noch nicht bei Bewusstsein sei. Weiter wisse sie nichts, die Ärzte hätten gesagt, sie solle tags darauf anrufen.

Ich wohnte damals in Wuppertal, hatte gerade kein Auto. Was sollte ich machen? Ich legte mich wieder ins Bett, um den nächsten Tag abzuwarten. Was dann folgte, möchte ich mit den Worten wiedergeben, die ich genau zehn Jahre später in einem Artikel über Männer, Väter und Söhne an meinen toten Vater gerichtet habe:

> »Die Ärzte hatten Mama gesagt, du seist zwar ohne Bewusstsein, aber diese Nacht bestehe keine unmittelbare Lebensgefahr. Dabei wussten sie ganz genau, dass du so gut wie tot warst; sie wollten nur nichts sagen, nur nicht mit der Wahrheit konfrontieren! Aber ich wusste es auch so. Zuerst habe ich zwar noch versucht, mir einzureden, es sei vielleicht doch nicht so schlimm, und bin sogar wieder ins Bett gegangen, aber dann sah ich dich plötzlich allein, zerschunden, unfähig, dich zu be-

wegen, hilflos zwischen Apparaten und Schläuchen und weiß bekittelten Mechanikern, und ich wusste, dass ich dabei sein und dich beim Sterben begleiten wollte.

Es war alles so leicht, so selbstverständlich! Dabei hatte ich bis dahin nichts mehr gemieden und gefürchtet als die Begegnung mit dem Tod, nicht mal daran zu denken wagte ich. Ich hatte früher einmal versucht, den Tod zu denken, und hatte gefühlt, dass ich dabei wahnsinnig werden würde. Aber dank Bhagwan hatte ich wieder fühlen gelernt und war zunehmend bereit, mich den Tatsachen des Lebens zu stellen. Und jetzt kam Vater Tod vorbei, und ich begriff, dass er Teil des Lebens ist.

Als ich an der Klinik aus dem Taxi stieg, kam Kajo [mein jüngerer Bruder] gerade heraus. ›Papa stirbt‹, sagte er nur, und ich antwortete: ›Ja, ich weiß.‹ Dann fielen wir uns in die Arme und weinten – vor Schmerz, aber auch vor Dankbarkeit, dass wir nicht allein waren und dabei sein durften, wenn du stirbst. Und es war toll, einen Bruder zu haben, der versteht. Keine Worte, kein Jammern, aber auch kein Verdrängen. *Einverstanden sein.*

Es war wunderschön, die letzten Stunden bei dir zu sein, auch wenn du nicht mehr zu Bewusstsein kamst. Trotzdem hast du jedes Wort und jede Berührung wahrgenommen. Wie du so da lagst, wirktest du so entspannt und erleichtert – wie jemand, der eine schwere Aufgabe erfolgreich erledigt hat.

Am Ende hast du mir damit auf eine seltsame Art auch

noch gezeigt, dass ich mich von meinem Weg nicht abbringen lassen darf, dass ein Mann auch seinen männlichen Schatten überwinden und in sein Herz gehen muss, wenn er wirklich leben will. Und dort, in meinem Herzen, lebst du – mit dem, was du zeigtest, und dem, was du verstecktest, mit dem, was ich an dir hasste, und dem, was ich an dir mochte, mit dieser wundersamen Mischung aus Kraft, Autorität, zurückgehaltener Gewalt, Verstocktheit, stets etwas unbeholfen wirkender Zartheit, unverhoffter Herzlichkeit und Fröhlichkeit, Verletzlichkeit und Hilflosigkeit.«

Was machte dieses Erleben möglich (ich hatte damals noch keine Ahnung vom Familien-Stellen und »Ordnungen der Liebe«)? Der einfache, klare, unverstellte Blick auf die Wirklichkeit, die Bereitschaft, sich vollkommen nackt dem auszusetzen, was ist.

In diesem Fall war es der Tod. Er ist der größte Lehrmeister. Ihm können wir nicht ausweichen. Er ist fest, unerbittlich, unwiderruflich. Das Leben könnte ein ebensolcher Lehrmeister sein, jede Sekunde und jeder Aspekt des Lebens, aber es lässt uns – vielleicht nur scheinbar? – mehr Raum, eine längere Leine als der Tod. Raum, den wir ausnutzen, um wegzuschauen, so zu tun, als seien wir taub und blind.

Wenn man sich der Wirklichkeit stellt, wirkt sie auf wunderbare Weise. Ich war gerade der größten Unfreiheit begegnet, die wir kennen, mein Vater war – und ich mit ihm – der größten Willkür ausgeliefert, er war von einer Sekunde zur nächsten aus dem Leben gerissen worden, ohne dass irgendeiner etwas dagegen unternehmen konnte, und doch fühlte ich mich dem Leben verbunden und innerlich frei.

Wenn ich einverstanden bin, brauche ich nichts anderes und nirgendwo sonst hin. Wenn ich nichts anderes brauche, bin ich frei. Diese Freiheit ist nicht gegen die Bindung. Im Gegenteil: Sie beinhaltet die Zustimmung zur Bindung. Sie ist auch nicht Unabhängigkeit, sondern hat die Anerkennung der wechselseitigen Abhängigkeit, die Anerkennung unserer Verflochtenheit zum Inhalt. Man kann sie auch nicht direkt anstreben, denn wenn ich die Freiheit suche, will ich der Bindung entfliehen.

Diese Freiheit findet sich im Innern des Lebens, im Innern der Liebe, auch im Innern der Bindung (denn Leben ist immer auch Bindung). Es ist wie in der Natur, wo die Stille im Innern, im Auge des Hurrikans ist oder der Sog des Strudels in seinem Innern, wenn er einen ganz auf den Grund gezogen hat, aufhört und einen mühelos in die Freiheit entlässt. Auf diesen Grund kommt aber nur der lebend, der aufgehört hat zu kämpfen, der sich dem Strudel willenlos ergeben und sich in sein Innerstes hat ziehen lassen.

Wir haben eine große Angst, uns ganz der Liebe zu überlassen, weil wir fürchten, dann völlig hilflos, ausgeliefert und abhängig zu sein. Das ist aber nicht der Fall. Sicher: Wir sind in gewisser Weise hilflos, denn wenn man liebt und der andere etwas tut, was einen schmerzt oder verletzt, oder wenn ihm ein Unglück zustößt, leidet man. Die

Liebe bringt es mit sich, dass man alles, was der andere macht oder was ihm geschieht, auch an sich selbst fühlt, man von allem betroffen ist. Sein Glück ist auch mein Glück, sein Schmerz ist auch mein Schmerz, und wenn er mir wehtut, schmerzt dies unendlich mehr, als wenn mir ein anderer etwas zufügte.

Die Liebe scheint also direkt in die Abhängigkeit zu führen. Aber dies sieht nur so aus. Denn wenn ich bei allem, was passiert, in der Liebe bleibe, kann der Schmerz mir kaum etwas anhaben. Abhängig und ausgeliefert sind wir nur, wenn wir etwas erwarten, wenn wir zum Beispiel als Gegenleistung für unsere eigene Liebe auch vom anderen geliebt werden wollen. Dann sind wir aber noch nicht ganz in der Liebe; dann lieben wir nur »unter der Bedingung, dass …«.

Ich stelle damit keine Forderung auf, wie Liebe zu sein hat. Ich beschreibe nur, wie sie ist, wenn man sich ganz darauf einlässt. Sie nimmt uns dann nämlich keine Freiheit, sondern schenkt uns diese erst ganz. Wenn unsere Liebe nicht mehr abhängig ist davon, was der andere tut, sind wir ihm in dieser Liebe zwar tief verbunden, aber wir sind alles andere als unfrei. Tatsächlich weitet sich die Liebe dann sogar über den Geliebten aus auf andere. Je mehr ich mich im Einzelfall in die Liebe ergebe, umso liebender werde ich. Und je liebender ich werde, desto weniger kann ich die Liebe auf Einzelne begrenzen, sie wird immer umfassender.

Dies hat auch Auswirkungen auf die Beziehung. Denn damit vertieft sie sich nicht nur, sondern sie wird zugleich freier. Je bedingungsloser die Liebe, umso geringer die gegenseitige Abhängigkeit. Je liebevoller die Verbindung, desto geringer der Bann. Die Beziehung wird damit loser, sie kann sein, kann aber auch nicht sein. So führt das Sicheinlassen am Ende zur Freiheit.

Die Familie

Der Einfluss der Herkunft auf die Paarbeziehung

Wir stammen von zwei Eltern ab. An unserem Anfang stand also ein Paar. Wie immer die Beziehung dieser beiden war, eines steht fest: Einmal haben sie ganz gegeben und ganz genommen. Fußballtrainer pflegen nach glücklich gewonnenen Spielen oft zu sagen: Egal, wie es zustande gekommen ist, unterm Strich zählt nur das Ergebnis. Das gilt auch hier: Unter dem Strich zählt nur – oder wenigstens vor allem – das Ergebnis. Wir existieren.

Es gibt uns, weil unsere Eltern in dem dazu vorgesehenen Akt zueinander gefunden und sich damit an uns weitergegeben haben. Das mag gewollt oder ungewollt, mit Liebe oder (nur) mit (beiderseitiger oder einseitiger) Lust, mit Freude oder mit Angst, geplant oder ungeplant oder wie auch immer geschehen sein. Unterm Strich zählt das Ergebnis. Nein, das stimmt nicht: Es *sollte* nur das Ergebnis zählen. Denn es ist das, was sich tatsächlich *ergeben* hat und woran daher nichts, aber auch gar nichts mehr zu ändern ist. Wenn wir dem zustimmten, wäre alles gut. Aber das tun die meisten nicht. Hier endet nämlich die Parallele zum Fußball. Dort fragt später niemand mehr, ob man glücklich, verdient oder unverdient Meister geworden ist, man freut sich und feiert das Ergebnis. Hier tut man dies eher nicht – hier spielen die Umstände noch nach Jahren und Jahrzehnten eine große Rolle.

Zum Beispiel beklagen sich erwachsene Männer und Frauen darüber, dass ihre Eltern sie nicht gewollt hätten. Manchmal ist dies Phantasie, zuweilen war es nur ein ungeplantes Kind, das in einem ungünstigen Moment zu kommen schien, dem die Eltern aber dennoch zugestimmt haben. Ein andermal war es das Ergebnis einer flüchtigen sexuellen Begegnung, vielleicht eines Seitensprungs, möglicherweise sogar eines erzwungenen Aktes. In einigen Fällen hat nur die Mutter zugestimmt, und manchmal mag auch sie mit sich gerungen haben, ob sie das Kind nicht abtreiben soll.

All dies und noch viel mehr sind ganz gewöhnliche Umstände einer Zeugung und Schwangerschaft. Aber viele sind auf diese Umstände fixiert, anstatt sich über das Ergebnis zu freuen und ihr Leben zu feiern. Es tut gewiss weh, zu merken, dass man nicht erwünscht war, aber das ist ja nicht alles. Die andere Seite sieht so aus, dass die Mutter am Ende doch zu dem Kind gestanden hat, sonst wären wir nicht hier. Mehr noch: Wir haben alles bekommen, was wir zum Leben brauchen. Wenn wir darauf schauen, ändert sich alles.

Das beiderseitige Wunschkind ist eher die Ausnahme, aber auch die Früchte dieser Ausnahme geben sich oft problembeladen, weil sie unter der Last des Wunschkindes leiden. In meinem letzten Kurs war eine Frau, die sich darüber beklagte, dass sie ein absolutes Wunschkind war. »Meine Eltern haben all ihre Wünsche in mich hineingepackt.« Und: »Mich hat niemand gefragt, das kann ich ihnen nicht verzeihen.«

Ich sagte ihr nur, die Idee, sie hätte gefragt werden müssen, sei eine Wahnvorstellung. Da wurde sie mir böse. Aber sie war nicht dumm, sie hat sich dem ausgesetzt, hat es ausgehalten. Am nächsten Tag meinte sie: »Vielleicht hast du Recht, vielleicht ist es wirklich eine Wahnvorstellung.«

Dieser Wahn ist durchaus verbreitet. Man stelle sich dies vor: Das Geschöpf klagt den Schöpfer an; es hätte, bevor es da war, gefragt werden müssen (natürlich steckt hier die Idee einer Seele dahinter, die sich immer wieder inkarniert und daher, so die Phantasie, so etwas wie einen freien Willen habe) – es ist einfach verrückt. Aber die Welt ist voll verrückter Ideen.

Also: Die Eltern machen, wenn man die Kinder fragt, immer alles falsch. Aber das Leben kennt kein Falsch oder Richtig, es pflanzt sich einfach fort. Und so sind wir da, und wir sind da, weil genau diese beiden Menschen, aus denen wir entstanden sind, das miteinander gemacht haben, wovon die ganze Welt fortwährend träumt. Wir sind die, die wir sind, weil unsere Eltern die sind, die sie sind, und daran ist nichts zu ändern. Wir sind unsere Eltern – halb Vater, halb Mutter.

Und so geht es weiter: Auch unsere Eltern sind ihre Eltern, und deren Eltern sind ihre Eltern. So sind wir also nicht nur unsere Eltern, sondern in uns ist die ganze Geschichte unserer Vorfahren zusammengeflossen – ein Lebensstrom, der sich, aus grauer Vorzeit kommend, in uns ergossen hat. Und mit diesem Lebensstrom ist auch alles, was diese Menschen erlebt haben, in uns übergegangen. Das meiste ist weit weg und in der Zeit versunken, aber die Erfahrungen der letzten zwei, drei Generationen sind in unserem Unterbewusstsein noch sehr aktiv, manchmal auch die der letzten fünf bis zehn Generationen.

Genauso ist es beim Partner, auch er ist der vorläufig letzte Teil eines aus Urzeiten gespeisten Lebensstroms. Auch er ist angefüllt mit diesem Strom von bestimmten Erfahrungen, die in seiner Sippe gemacht und weitergegeben wurden – Leidenserfahrungen, Glückserfahrungen, Trennungserfahrungen, Verbundenheitserfahrungen, ungetilgter Schuld, Schmerz, Trauer, Krankheit. Und rund um diese Erfahrungen und die Lebensumstände, in denen sie gemacht wurden, haben sich Einstellungen, Werthaltungen und Verhaltensweisen gebildet, die über Generationen hinweg weitergegeben wurden. Dazu hat es kaum der Erziehung bedurft, das atmet jeder in seiner Familie ein wie die Luft, ohne dass er es merkt.

Wenn zum Beispiel die Großmutter im Krieg vergewaltigt wurde, ist die Enkelin, auch wenn sie nichts davon weiß, davon beeinflusst. Wie dieser Einfluss sich auswirkt, ist offen: Es mag sein, dass sie Angst vor Männern hat, es kann aber auch sein, dass sie das Abenteuer sucht und sich unbewusst in Situationen begibt, in denen ihr Ähnliches widerfährt wie der Großmutter. Dies kann sich über viele Generationen hinziehen.

Ein Paar kam zur Beratung, weil es immer Streit gab, wenn die Familie – sie hatten eine Tochter und zwei Söhne im Alter zwischen zwölf und 24 Jahren – gemeinsam am Tisch saß. Vor allem den Mann störte das sehr, und er wusste sich nicht zu helfen. Die Frau hatte das Problem, dass ihre Tochter (die Älteste) bald ausziehen wollte. Dann sei sie allein mit den Männern, und das mache ihr Angst. Dann müsse sie sich ja ganz auf ihren Mann einlassen.

Ich habe ihr gesagt, dass die Situation genau richtig sei. Jetzt werde deutlich, dass es auch in ihrer Familie eine Spaltung und einen Kampf zwischen Frauen und Männern gebe. Ich erinnerte mich nämlich an eine Aufstellung, die das Paar eineinhalb Jahre zuvor gemacht hatte, wo diese Spaltung das große Thema in der Herkunftsfamilie der Frau war, das sich durch mehrere Generationen zog. Jetzt kam es also nochmals richtig – buchstäblich – auf den Tisch des Hauses.

Da die beiden in dem Gespräch eine gute Lösung für sich fanden, haben sie mich gefragt, ob sie auch die beiden älteren Kinder einmal vorbeischicken könnten. Ich stimmte zu.

Die Tochter berichtete dann, dass es viele Spannungen mit dem Vater gebe, er sei so anders, als sie ihn gern hätte. Auf meine Frage »Darf er denn nicht anders sein?« meinte sie dann aber: »Doch, natürlich, es ist auch schon viel besser geworden.«

Ich sprach sie dann auf den bevorstehenden Auszug an. Sie schien sich der Sache noch nicht ganz sicher, sie möchte zwar, aber die Trennung falle ihr schwer, sie hänge sehr an zu Hause.

»Weißt du, warum es dir schwer fällt?«, fragte ich.

Sie schaute fragend.

»Weil du deine Mutter nicht allein lassen möchtest, weil du meinst, sie im Stich zu lassen.«

Sofort stiegen ihr Tränen in die Augen. Sie stützte die Mutter, hatte ein schlechtes Gewissen, sie mit den Männern allein zu lassen und zu ihrem Freund zu ziehen. Kein guter Start für eine junge Liebe. Denn auch der Geliebte wird sich eines Tages als Mann entpuppen, und dann würde sie das gleiche schlechte Gewissen gegenüber der Mutter haben, wenn sie sich mit ihrem Mann gut versteht.

Tatsächlich liebte ihre Mutter ihren Mann auch, aber sie stand ebenfalls sozusagen in der Erbfolge früherer Mütter. Das Mädchen verstand sofort: Eine musste den Bannkreis verlassen, wenn dies sich nicht weiter fortsetzen sollte. Da ihre Eltern sich, wie die Kinder wussten, selbst mit dem Thema auseinander setzten, fiel es ihr nicht allzu schwer, zuzustimmen, dass sie ihnen ihre Probleme zurücklassen und sie sich auf ihre eigene Zukunft ausrichten dürfe. Als ich ihr erklärte, dies sei ein Zeichen tieferer und reiferer Liebe als die helfende Liebe, der sie sich bisher verpflichtet fühlte, war sie sehr erleichtert.

Dem Sohn (22) fiel natürlich die Aufgabe zu, für das Gleichgewicht in der Familie zu sorgen und dem Vater zur Seite zu stehen. Und der unterstützte ihn, wenn die Mutter ärgerlich war, weil er die Nächte bei seiner Freundin verbrachte.

So war das Mann-Frau-Thema in dieser Familie also verdoppelt. Kein Wunder, dass man ständig irgendwo aneckte oder dass es gar krachte. Auch ihm habe ich gesagt, er könne seinem Vater ruhig zutrauen, dass er allein mit der Mutter fertig wird, und seine Mutter sei für ihn genau so richtig wie der Vater für seine Schwester. Am Ende meinte er: »Das ist ja alles ganz einfach, wenn man das so sieht. Aber da muss man erst mal drauf kommen.«

Mit dem Partner heirate ich also gewissermaßen eine ganze Sippe und ihre Geschichte. Spätestens dann, wenn ein Paar Kinder bekommt, wird dies nach und nach deutlich und nimmt großen Einfluss auf die Beziehung. Denn im Kind sind die beiden Ströme vereint, das Kind muss sie, um mit sich selbst einig zu sein, in sich integrieren. Die Eltern merken dann, dass das Kind auch Einflüsse aus der anderen Sippe hat. Und bei der Erziehung, bei ihrem Umgang mit dem Kind treten plötzlich die alten Werte und Ängste ans Licht, und man wird feststellen, dass beide sehr verschiedene Prioritäten und Werte haben. Sie stehen vor der Aufgabe, daraus etwas Neues zu schaffen, in dem beide Partner sich und ihre Herkunft geachtet und gut aufgehoben fühlen. Im Kapitel »Paarbeziehung und Kinder« komme ich darauf zurück.

Aus der Herkunftsfamilie bringen wir ganz viele Haltungen zum anderen Geschlecht und zur Paarbeziehung mit. Die meisten leider unbewusst, sodass sie erst deutlich werden, wenn es zur Auseinandersetzung kommt. Deshalb sind Konflikte, sofern man einen guten Umgang damit entwickelt, die besten Lernfelder. Sie zeigen uns etwas über uns selbst, sie wirken wie ein Spiegel, in den man zum ersten Mal schaut. Zu diesem Lernen müssen wir aber bereit sein. Wir sind dies, wenn wir die Schuld nicht immer beim anderen suchen und Konflikte als Chance begreifen, etwas über uns selbst zu lernen und innerlich aus unseren alten Mustern herauszuwachsen.

Freunde von mir haben, ein Jahr bevor ich diese Zeilen schreibe, ein Kind zur Pflege aufgenommen. Sie leben in einer recht ungewöhnlichen Konstellation: ein Ehepaar und eine langjährige Freundin der Frau, die das Haus mitfinanziert hat. Als sie die Immobilie erwarben, waren die beiden anderen noch nicht verheiratet, sie wollten dort zusammen ein Seminarzentrum eröffnen.

Inzwischen ist alles anders gekommen: Jeder geht seiner Arbeit nach, und seit das Ehepaar ein Pflegekind hat, dreht sich das häusliche Leben um dieses Kind. Es gibt ganz neue Probleme und Konflikte, zumal das Mädchen, das sie aufgenommen haben, schon zwölf Jahre alt ist und eine schmerzhafte Lebensgeschichte hinter sich hat – mit dieser Geschichte hat es auch viele Tricks gelernt, um sich durchzuschlagen.

Als wir kürzlich telefonierten, meinte meine Freundin: »Sie gibt uns die Gelegenheit zu lernen. Es ist anstrengend, aber es ist auch ein Segen. Manchmal bin ich ihr total dankbar für die Herausforderungen, vor die sie uns stellt.«

Seit das Mädchen da ist, verstärkt sich bei meiner Freundin periodisch das Gefühl, dass dort nicht mehr ihr

Platz ist, dass sie vielleicht bald wegziehen muss. Kürzlich habe sie sich bei einem Konflikt mit dem Kind wie gelähmt gefühlt und geglaubt, nur ein Weggehen könne die Lage für sie verbessern.

Sie hat aber viel an sich gearbeitet, unter anderem begleitete sie mich sieben Jahre lang bei meiner Aufstellungsarbeit. Daher war es ihr möglich, sich innerlich so weit zurückzuziehen, dass sie sich selbst und ihre Verstrickung in dem Konflikt sehen konnte. Sie schaute auf ihre eigene Familie und hatte plötzlich ein Bild ihrer Großeltern, wie diese aus dem Sudetenland flüchteten. Sie sah auch, dass sie nicht unbedingt hätten flüchten müssen, da die Tschechen den Großvater wegen seiner beruflichen Fähigkeiten gern im Land behalten hätten. Danach, so erzählte sie mir, sei ihr Gefühl, das Haus verlassen zu müssen, wie weggeblasen gewesen. Ihr ist aufgegangen, dass sie in dieser merkwürdigen Haus-, Wohn- und Lebensgemeinschaft in gewisser Weise das Schicksal ihrer Familie wiederholt, vor allem das ihrer Großmutter. Indem ihr dies bewusst wird und sie zustimmt, wird der Wiederholungszwang gebrochen.

Wenn in einer Liebesbeziehung ein Partner sich trennen möchte, spielt ebenfalls oft die Familiengeschichte die Hauptrolle. Dies vor allem dann, wenn beide fühlen, dass sie zwar zusammenbleiben möchten, dies aber nicht geht.

Eine Frau, fünfzig Jahre alt, Mutter, Großmutter und seit etwa dreißig Jahren verheiratet, meint, sie müsse sich von ihrem Mann trennen. Dabei lächelt sie. Wenn jemand bei einer so schweren Sache lächelt, gibt es einen systemischen Verdacht: Er ist mit einer Person aus seiner Herkunftsfamilie in Liebe und Loyalität verbunden. Er – in diesem Fall »sie« – fühlt sich in dieser Treue und Verbundenheit gut und unschuldig und macht in ebenjener Unschuld die dümmsten Sachen, manchmal auch Schlimmeres als nur dumme Sachen.

Ich mache eine Aufstellung, das heißt: Ich nehme eine Frau aus dem Kreis der Kursteilnehmer als Stellvertreterin für die Klientin und einen Mann für ihren Mann und stelle die beiden mit etwa zwei Metern Abstand gegenüber. Dann überlasse ich alles diesen beiden Stellvertretern.

Nach kurzer Zeit bewegt die Frau leicht ihren Körper. Eigentlich bewegt sie sich nicht, sie versucht eher, einer Bewegung, die sie erfasst, zu widerstehen, aber man kann diese Bewegung sehen: Etwas zieht sie nach hinten. Wenn sie sich dem Sog überlässt, kippt sie leicht über die Fersen, sodass sie einen Schritt zurückgehen muss. Das reicht aber nicht, sie stolpert immer weiter rückwärts, obwohl der Mann sie freundlich anschaut. Es sieht aus, als würde jemand von hinten mit einer Schnur an ihr ziehen. Für mich ist das ein Hinweis auf die Vergangenheit.

Ich teste das, indem ich frage: »Was war in deiner Familie, zum Beispiel bei den Großeltern? Ist da etwas passiert?«

Sie antwortet: »Ja, mein Großvater ist plötzlich gestorben, als meine Großmutter fünfzig war.«

Dann schlägt sie die Hand vors Gesicht: »Ich bin ja auch gerade fünfzig geworden, soll es da etwa einen Zusammenhang geben?«

Ich sage: »Schaun wir mal«, und stelle zwei Stellvertreter für die Großeltern auf.

Sofort hört das Ziehen bei der Stellvertreterin der Frau auf. Sie schaut freundlich zu ihrem Mann, geht langsam auf ihn zu und lehnt ihren Kopf in seine Arme – ein glückliches Paar. Was ist hier los?

Es ist ein Beispiel für eine systemische Familienverstrickung. Als ich dies kürzlich bei einem Essen meiner (mir bis dahin unbekannten) Tischnachbarin erzählte, die mich über meine Arbeit befragte, sagte sie gar nicht erstaunt (was mich wiederum verwunderte): »Das überrascht mich jetzt nicht. Mir ist nämlich vor einiger Zeit plötzlich aufgefallen, dass der zweite Mann meiner Oma sieben Jahre jünger war als sie, bei meiner Mutter war es genauso, ihr zweiter Mann war auch sieben Jahre jünger, und mein zweiter Mann ist ebenfalls sieben Jahre jünger als ich.«

Ihr war aber wohl noch nicht aufgefallen, dass sie auch mit der Scheidung von ihrem ersten Mann (der merkwürdigerweise jetzt neben ihrem Haus baute und mit ihr zu diesem Essen gekommen war, sodass ich und meine Frau ihn für ihren Mann hielten) nicht ihrem Herzen, sondern einem Muster aus ihrer Familie gefolgt war.

»Systemische Verstrickung« heißt: Die Ursache liegt im Familiensystem, es hat nichts mit der Ehe oder persönlichen Erfahrungen des Paares zu tun, auch nichts mit deren Kindheit. Aus der Familie – in diesem Fall der Familie der Frau – kommt etwas, was die Frau völlig unbewusst übernommen hat.

Da die Großmutter mit fünfzig ihren Mann verloren hat, »glaubt« die Frau, ihren Mann auch nicht behalten zu dürfen. Sie ist der Großmutter in einer blinden, unbewussten Liebe verbunden, indem sie deren Schicksal – den Mann zu verlieren – nachahmt.

Das erscheint sehr merkwürdig, fast gespenstisch, aber diese Art von Familienverstrickung ist an Tausenden Fällen dokumentiert. Welche unbewussten Mechanismen dabei wirken, habe ich in den bereits erwähnten Büchern zum Familien-Stellen dargelegt.

Kürzlich war eine andere Frau zur Beratung hier. Knapp über dreißig, wollte sie sich ebenfalls trennen. Als ich sie fragte: »Willst du das wirklich?«, sagte sie: »Ja!«

Aber es kam trotzig. Ich habe nichts gesagt und gewartet. Sie bewegte sich unruhig, wurde etwas verlegen und sagte dann: »Wahrscheinlich stimmt das auch nicht, nein, eigentlich möchte ich es nicht.«

Der Trotz wies uns die Richtung, und im weiteren Verlauf des Gesprächs wurde immer deutlicher, dass ihr Mann für sie die Mutter vertrat. Das heißt, sie verhielt sich ihm gegenüber (nicht nur in dieser Frage, sie berichtete selbst mehrere Beispiele) wie ein trotziges Kind gegenüber der Mutter.

Ich sagte: »Wie wäre es, wenn du auf deine Mutter schaust und ihr sagst: ›Mama, ich bin die Kleine, und du bist die Große. Und es ist gut, dass du meine Mutter bist, und ich bin gerne dein Kind‹?«

Sie bekam feuchte Augen: »Würde mir das helfen, endlich erwachsen zu werden?« (Es nervte sie allmählich, dass niemand sie für eine Mutter von zwei Kindern hielt, sondern für ein junges Mädchen, und dass jedermann sie entsprechend behandelte.)

Ich antwortete: »Ja, denn dann hätte das Kind in dir endlich den Platz, wo es hingehört, und brauchte sich nicht mehr ständig bemerkbar zu machen. Erst wenn du gegenüber deinen Eltern Kind wirst, kannst du wirklich erwachsen werden.«

Auch dahinter steckt eine systemische Verstrickung, es ist keine kindliche Prägung. Der Trotz, die Weigerung, seinen wirklichen Platz einzunehmen, folgt einem Muster oder Ereignis aus der Familiengeschichte. Die Frau könnte zum Beispiel innerlich mit ihrer Großmutter verbunden sein oder, was wahrscheinlicher ist, mit einer früheren Partnerin ihres Vaters, die in Konkurrenz zur Mutter stand. Und aus der unbewussten Übernahme dieser Konkurrenzrolle will sie sich der Mutter nicht unterordnen.

Woher die Verstrickung kommt, ist aber zweitrangig, wenn man die Lösung weiß. Die Lösung liegt in diesem Fall in dem zitierten Satz, verbunden mit einer tiefen Verneigung vor der Mutter. Dann ist die Frau frei und kann sich ihrem Mann als erwachsene Frau zuwenden.

Zunächst einmal bestimmen uns die mitgebrachten Einstellungen und Verhaltensweisen. Sie tun dies auch dann, wenn wir alles anders, besser machen wollen als unsere Eltern – dann bestimmen sie uns ganz besonders. Unser Unterbewusstsein stellt uns ein Beinchen, denn unbewusst bleiben wir den Eltern treu. Die Literatur zu Familienaufstellungen ist voll von Beispielen dafür.

Aber auch jenseits des Familien-Stellens ist bekannt, dass Scheidungskinder, auch wenn sie unter der Trennung der Eltern sehr gelitten haben, sich weitaus häufiger scheiden lassen als andere – sie fügen ihren Kindern also wieder den gleichen Schmerz zu. Männer, die ihre Töchter und Söhne sexuell missbrauchen, sind in der großen Mehrzahl als Kind selbst missbraucht worden. Söhne, die mit ansehen mussten, wie ihre Mütter von den Vätern geschlagen wurden und die die Väter dafür verurteilt haben, schlagen ihre Frauen weit häufiger als andere Männer.

Sie tun dies nicht, wie oft angenommen, weil sie voller Wut sind und dies an irgendjemandem abreagieren müssen. Dazu bräuchten sie nicht ihre Frauen zu schlagen oder ihre eigenen Kinder zu missbrauchen. Sie tun dies, weil sie innerlich, ohne es zu wissen, ihren Eltern treu sind, und zwar besonders dem abgelehnten Elternteil. Da sie die Liebe, die jeder in tiefster Seele zu seinen Eltern empfindet, nicht fühlen und zeigen wollen, drückt diese sich dadurch aus, dass man genauso wird wie der abgelehnte Vater oder die abgelehnte Mutter.

Indirekt sagt man damit: Ich bin dir treu, ich bin wie du. Damit wird die Seele, die unter der Ablehnung leidet, entlastet – zulasten des Partners, der Kinder oder anderer Unschuldiger und Unbeteiligter.

Die Lösung wäre, dass man dies laut und offen sagt und zeigt: »Ich bin wie du, Papa (Mama).« Und dass man dem ganz zustimmt: »Ich bin wie du, und es ist gut so. Du bist der einzige und einzig richtige Vater für mich, du bist die richtige Mutter für mich.«

Wenn man die Liebe und die volle Zustimmung zu den Eltern findet, entfällt der Zwang, ihnen unbewusst gleich zu werden.

Dann ist man auch erst frei, sein Eigenes zu entwickeln. Dann kann man wirklich gehen, denn nur die Liebe löst (ausführlich habe ich dies in meinem Buch *Liebe, die löst* beschrieben).

Eigentlich wäre die Gründung einer eigenen Familie der rechte Zeitpunkt dafür. Dadurch, dass man heiratet, geht man eine neue Verbindung ein. Das Alte, die Herkunftsfamilie, lässt man zurück, indem man zustimmt, dass alles, was man von dort mitbekommen hat, zu einem gehören darf, und dass alles, was war, gewesen sein darf. Erst dann kann man sich ganz dem Neuen zuwenden, weil einen dann die unerledigten oder abgelehnten Dinge aus der Vergangenheit nicht mehr plagen.

Tatsächlich aber bringt erst die neue Beziehung und Familie ans Licht, was wir im Unterbewusstsein aus der alten Familie mit uns führen. Da beide Partner dies mit sich tragen, sind sie gleich unvollständig. Wenn sie bereit sind, aneinander zu lernen, wird die Beziehung sowohl das Wachstum jedes Einzelnen als auch das Wachstum der Beziehung selbst unterstützen. Die Liebe ist die Kraft, die sie dabei trägt.

Paarbeziehung und Kinder

Mit der Geburt eines Kindes tritt eine Partnerschaft in eine völlig neue Phase. Zunächst einmal erfüllt sie sich. Ein gemeinsames Kind ist ja nicht nur etwas, was beide sich meist wünschen, sondern es ist auch, jenseits der persönlichen Wünsche, der natürliche Zweck einer Beziehung. Im Kind wird sie erst vollständig. Man kann auch sagen: Sie vollendet sich im Kind. Das Wort »vollenden« enthält das »Ende«, es weist also darauf hin, dass etwas zu Ende geht. Mit dem Kind ist die alte Zweierbeziehung vorbei. Von nun an spielt immer ein Drittes mit.

Ich meine damit nicht so sehr die Tatsache, dass es nun über lange Zeit nachts Lärm gibt, dass das schreiende Wesen vielleicht das eheliche Lager teilt und überhaupt, sofern es nicht gerade schläft, fast die ganze Aufmerksamkeit für sich beansprucht. Wenn ein Kind kommt und man die Elternrolle einigermaßen ernst nimmt, ändert sich der gesamte Lebensablauf. Aber das ist kein Problem, wenn man dem Kind ganz zustimmt, denn die elterlichen Interessen und Bedürfnisse beziehen das Kind und seine Bedürfnisse auf natürliche Weise mit ein und wandeln sich entsprechend.

Voraussetzung dafür ist allerdings, man weiß und erklärt sich damit einverstanden, dass jetzt ein neues Leben beginnt. Wer also meint, nach einigen Monaten das alte Leben mehr oder weniger unverändert fortsetzen zu können – abgesehen davon, dass man das mit dem Kind jetzt etwas besser oder anders organisieren muss –, macht innerlich nicht den ganzen Schritt zur Elternschaft und wird damit früher oder später massive Probleme bekommen.

Dies umso mehr, als sich die Paarbeziehung selbst mit der Geburt eines Kindes ändert. Das ist der eigentliche Einschnitt. Mit dem Kind werden Mann und Frau Vater und Mutter. Es kommt also etwas dazu, was bisher in der Beziehung nicht da war. Beide sind nicht mehr nur aufeinander bezogen, sondern auf ein Drittes. In Bezug auf dieses Dritte, ihr Kind, sind sie gleich und doch auch verschieden. Es ist zu gleichen Teilen ihr Kind, es ist genauso das Kind des Vaters, wie es das Kind der Mutter ist. So selbstverständlich diese Aussage sein mag, in der Praxis wird dies oft übersehen, was zu massiven Problemen führen kann.

Das beginnt schon, wenn die Verwandtschaft kommt und mitteilt, wem der oder die Kleine denn nun mehr ähnele, nach welcher Familie er/sie komme. Es geht weiter, wenn später die guten Eigenschaften dem eigenen Erbe oder der eigenen Sippe und die schlechten der anderen Seite zugesprochen werden. Und es endet häufig damit, dass ein Elternteil meint, das Kind sei bei ihm besser aufgehoben als beim Partner, der andere tue dem Kleinen nicht gut.

Meist sind es die Mütter, die glauben, das Kind gehöre vor allem zu ihnen (wenn nicht, es gehöre ihnen). Besonders wenn ein Paar nicht verheiratet ist (war), sieht die Frau den Vater des Kindes oft nur als Dienstleister ohne eigene Rechte. Manchmal will sie auch gar nichts von ihm wissen und verzichtet lieber auf Geld, als ihm sein Recht auf das Kind zuzugestehen. Ich habe aber in Tausenden von Familienaufstellungen noch keinen einzigen Fall erlebt, in dem der Vater für das Kind nicht wichtig gewesen wäre. Wenn er fort ist bzw. ausgeklammert wird, fehlt dem Kind ein Teil seiner Seele. Also: Jedes Kind ist gleichermaßen das Kind beider Eltern; und weil das so ist, sind beide für das Kind gleichermaßen richtig, wichtig und gut.

Die Eltern sind aber auch verschieden. Sie sind Mann und Frau, also unterschiedlichen Geschlechts, und sie stammen aus verschiedenen Familien mit unterschiedlichen Traditionen, Gewohnheiten, Werthaltungen, Schicksalen und Verstrickungen. All dies mischt sich jetzt im Kind und begegnet dem Paar damit auf eine neue Weise.

»Sie sind Mann und Frau« heißt, dass sie auf unterschiedliche Weise mit dem Kind umgehen. Dies wird umso mehr zum Problem, je mehr die alte Rollenverteilung aufgehoben wird und die Männer in die Betreuung der Kinder einbezogen werden oder sich einbringen.

Dabei wird oft übersehen, dass die Männer keine Frauen sind. Letztere haben von vornherein eine andere Ausgangsbasis und eine andere Beziehung zum Kind. Es ist in ihnen herangewachsen, sie haben es geboren, und sie nähren es aus ihrem Körper heraus. Dabei war und ist der Mann nur Zuschauer. Er hat nicht das gleiche Erleben und auch nicht den gleichen Status wie die Frau. Sogar ihr Hormonhaushalt ist ganz auf diesen Prozess bezogen und verändert. Während sie also auf natürliche Weise, durch chemische Prozesse in ihrem Körper unterstützt, in ihre Rolle hineinwächst, muss der Mann erst eine Beziehung zu dem Kind aufbauen. Die Vaterrolle entwickelt sich anders und später als die Mutterrolle.

Es stimmt allerdings nicht – wie oft behauptet wird –, dass die Vaterschaft nur eine soziale Rolle sei (im Unterschied zur »natürlichen« Mutterschaft). Auch Väter haben eine natürliche Beziehung zu ihren Kindern, also eine Beziehung, die sich nicht nur aus dem sozialen Kontakt ergibt. Wenn es anders wäre, würde es für den Mann keine Rolle spielen, ob ein Kind *sein* Kind ist oder nicht, es käme lediglich auf den sozialen Kontakt an, den er mit jedem Kind aufbauen kann. Die Familienaufstellungen zeigen jedoch ganz klar, dass es eine Bindung des Vaters an sein leibliches Kind selbst dann gibt, wenn er es nie gesehen hat – ja sogar, wenn er nichts von diesem Kind weiß.

Männer sind also ebenso natürlich mit ihren Kindern verbunden wie Frauen, aber sie haben eine andere Art von Beziehung zu ihnen und pflegen einen anderen Umgang mit ihnen. Generell kann man sagen, sie lassen ihnen mehr Raum, greifen weniger ein, sind nicht so sehr behütend. Für die Beziehung der Eltern zueinander ist es wichtig, dass sie das verstehen und achten, sonst streiten sie sich ständig über die richtige Erziehung oder den richtigen Umgang mit dem Kind.

Ich denke an die Zeit, als meine Söhne, vor allem der älteste, im Vorschulalter waren. Wir wohnten damals nur hundert Meter von einem großen Spielplatz entfernt. Ich war Dozent an der Uni, konnte mir meine Arbeit frei einteilen und verbrachte viel Zeit zu Hause und mit meinen Söhnen. Der Spielplatz grenzte an eine Schrebergartensiedlung und ein wildes Wiesengelände. Ich saß oft – meist mit einem Buch – auf einer Bank, um zu schauen, dass die Kinder nicht zu weit wegliefen.

Außer mir saßen nur Mütter dort, da die Männer zur Arbeit waren. Sobald sich irgendwo auch nur das kleinste Geschrei erhob, griffen sie ein, meist schützten sie die Mädchen vor den Jungen und die Kleinen vor den Großen. Für mich war es schwer, dies mit anzusehen, da die Kinder keine eigenen Formen der Konfliktaustragung entwickeln konnten und die wilden, aktiven, sicher auch dominanteren Kinder ständig gedeckelt wurden. Die Opfer, die Jammernden (und damit das Jammern) wurden immer unterstützt, die Aktiveren, die sich ihren Raum einfach nahmen, wurden von den Erwachsenen eingeengt und bestraft.

Die Frauen indessen konnten mich nicht verstehen und hielten mich für unverantwortlich, wenn ich nicht eingriff, wenn ein Stärkerer sich auf Kosten eines Schwächeren breit machte. Natürlich gab es dabei auch für mich Grenzen, aber sie waren anders und weiter als bei den Frauen.

Generell haben Mütter mehr eine bewahrende und Schutz gebende Tendenz und Funktion, während Väter die Kinder eher aus dem Nest stoßen und ihnen den Weg in die Gesellschaft und die Welt öffnen (was ihnen bei den Töchtern allerdings wesentlich schwerer fällt als bei den Söhnen). Dies entspricht dem Weiblichen und dem Männlichen, und beides ist wichtig.

Mann und Frau müssen also anerkennen, dass sie auch in Bezug auf das Kind und den Umgang mit ihm verschieden sind und verschieden sein dürfen. Dabei wird die Anerkennung des Männlichen durch die Frau und die Anerkennung des Weiblichen durch den Mann noch einmal einem sehr intensiven Praxistest unterzogen. Denn beide müssen mit anschauen und lernen, wie anders sich der Partner gegenüber dem Kind verhält und wie dieses andere auch im Kind selbst seinen Niederschlag findet.

Vor fünfzehn Jahren ist mir mal ein in gewissen Kreisen sehr beliebtes Buch in die Hände gefallen, das den Titel trug: *Hilfe, mein Sohn wird ein Macho*. Die Autorin, selbst Mutter eines Sohnes (der arme Kerl hatte mein tiefstes Mitgefühl), gab darin Ratschläge an andere Mütter, wie dieses Unheil abzubiegen sei. Der einzig sinnvolle Vorschlag war natürlich nicht darunter, nämlich: den Sohn seinem Vater anzuvertrauen.

Beide Eltern müssen ihr Kind ganz dem anderen Elternteil anvertrauen und ihm alles lassen und alles zumuten, was von diesem kommt. Außer dem anderen Geschlecht ist dies vor allem die andere Familie, also die Herkunftsfamilie des Partners. Das Kind trägt in sich beide Seiten, und es ist für seine Entwicklung wichtig, dass beide Seiten gewürdigt werden. Das Kind muss diese Integration ohnehin leisten, und die Eltern können es dabei unterstützen, indem sie ebenfalls beide Sippen achten.

Das ist auch für die Paarbeziehung bedeutsam. Bei der Kindererziehung zeigt sich ganz konkret, wie es um diese Achtung steht. Ist sie nicht gegeben, so spaltet dies nicht nur das Kind, sondern mit der Zeit auch die Beziehung. Wenn wir zu einem Menschen sagen: »Ich nehme dich so, wie du bist, als meine Frau (meinen Mann)«, dann bedeutet dies: mit deinen Eltern, mit deiner Familie und mit dem Schicksal deiner Sippe. Man darf das Kind also nicht vor »schlechten« Einflüssen aus dieser Familie schützen wollen.

Ich gebe ein Beispiel. Es ist krass, aber es kommt nicht eben selten vor, und es macht die allgemeine Situation in zugespitzter Form deutlich.

Ein Mann heiratet eine Frau, die von ihrem Vater sexuell missbraucht wurde. Wenn die beiden nun ein Kind bekommen, ist der Vater der Frau, der als Täter vielleicht moralisch verdammt wurde, der Großvater des Kindes. Das ist nicht nur eine soziale Rolle, sondern er ist auch Teil dieses Kindes.

Viele meinen nun, alles tun zu müssen, damit das Kind – nehmen wir an, es ist ein Junge – nicht so wird wie der Opa. Dies kann aber nicht funktionieren. Dem Kind wird es nämlich keineswegs gut tun, wenn man es vom Großvater innerlich abschneidet; und die Wahrscheinlichkeit ist groß, dass es dann genauso wird wie der Opa. Darüber hinaus zerstört dies auch die Ehe.

Beide Partner müssen die Familie der Frau, das heißt auch deren Vater, nehmen, wie sie ist. Die Frau muss dazu stehen, dass sie das Kind dieses Mannes ist, und ihr Mann muss dem ebenfalls zustimmen, auch in der Weise, dass er dem Erbe (dem genetischen, dem sozialen wie dem seelischen Erbe) seiner Frau zustimmt. Nur dann nimmt er sie ganz, und nur dann können auch beide ihrem Kind ganz zustimmen. Im gemeinsamen Kind ist immer alles mitgegeben, was beide Eltern aus ihren Familien – bewusst oder unbewusst, gewollt oder ungewollt – mitbringen.

Beide bringen auch unterschiedliche Werte mit. Für sie hat vielleicht Geld große Wichtigkeit, während es ihm eher gleichgültig ist. In ihrer Familie spielte Sparen möglicherweise eine große Rolle, während bei ihm gleich ausgegeben wurde, was hereinkam. Er mag aus einer liberalen, sie aus einer konservativeren Tradition kommen. Beim Kennenlernen spielt das kaum eine Rolle, es ist vielleicht sogar prickelnd und aufregend. Aber wenn dann eigene Kinder da sind und es an ihre Erziehung geht, stehen sich die alten Welten plötzlich unversöhnlich gegenüber.

Selbst Eltern, die früher gegen ihre eigenen Eltern und deren Werte rebellierten, stellen jetzt plötzlich fest, dass sie sich ihren Kindern gegenüber genauso verhalten wie die Eltern einst ihnen gegenüber. Und dass der Partner es ganz anders macht, können sie überhaupt nicht verstehen – schon ist der schlimmste Streit im Gange. Die beiden meinen vielleicht, eine sachliche Auseinandersetzung über die Erziehung auszutragen, aber im Hintergrund kämpft Familie A gegen Familie B.

Dabei fällt mir eine Aufstellung ein, die ich vor Jahren einmal hatte. Die beiden Partner stammten aus verschiedenen Regionen Österreichs, aus der Steiermark und aus

Vorarlberg. Ich wusste nicht, dass dies traditionell verfeindete Stämme sind, schlimmer als Bayern und Preußen, und die aufgestellten Kursteilnehmer wussten dies auch nicht. Aber als ich hinter den beiden Partnern deren Eltern und Großeltern aufstellte, standen sich diese gegenüber wie zwei feindliche Heere.

Es gestaltete sich sehr amüsant für die Zuschauer, aber für das Paar war es ein tiefer Konflikt. Denn jeder Partner ist in seiner Seele der eigenen Herkunft treu. Zugleich verlangt aber die Partnerschaft, die Herkunft und die Werte des anderen anzuerkennen, und zwar anzuerkennen, dass auch das eigene Kind so werden darf.

Das geht nur, wenn man die Verschiedenheit und Andersheit des Partners achtet. Daraus folgt auch, dass die Eltern gegenüber ihren Kindern nicht als Block auftreten müssen, nicht als Koalition, die immer an einem Strang zieht. Politik wird in der Familie stets durchschaut und ist tödlich. Sicher kann es nicht gut sein, wenn einer den anderen heimlich unterminiert, und es muss eine gemeinsame Ausrichtung geben. Aber die Unterschiede zwischen den Eltern dürfen dabei durchaus zutage treten, sowohl die geschlechts- als auch die familienspezifischen. Das Kind darf sehen (es weiß dies sowieso), dass die Mutter beispielsweise eher sparsam und der Vater großzügig ist, aber die Eltern sollten sich dann auf eine gemeinsame Linie verständigen. Je offener die Unterschiede sein dürfen, umso eher können sie respektiert werden, und desto eher kann sich in dieser Familie eine neue, eigene Haltung herausbilden.

Mit dem Kind wird also das andere, was der Partner mitbringt, noch einmal auf eine ganz neue und tiefere Weise mit dem Eigenen verbunden. Vorher stand es uns nur im Partner gegenüber, wir konnten es als etwas Fremdes interessant, herausfordernd und liebenswert finden. Jetzt ist es ganz Teil der neuen, eigenen Familie.

Dass Mann und Frau nun zugleich auch Vater und Mutter sind, bedeutet für die Partnerschaft, dass diese beiden Rollen jetzt miteinander konkurrieren. Es besteht die Gefahr, dass die Elternrolle die Partnerrolle in den Hintergrund treten lässt. Hier muss eine neue Balance gefunden werden.

Die Grundlage dieser Balance ist, dass man der Paarbeziehung den Vorrang vor der Elternrolle gibt. Zuerst kommt der Partner, dann erst das Kind. Wenn das Kind, wie es in vielen Familien der Fall ist, vor dem Partner kommt, leidet sowohl die Beziehung wie auch die Seele des Kindes. Es kommt damit nämlich in eine unangemessene Position: Es schiebt sich zwischen die Eltern (anstatt, wie es die natürliche Ordnung wäre, unter oder nach ihnen zu stehen) und nimmt so mit der Zeit vielleicht sogar eine Partnerrolle ein, die ihm nicht zukommt und die Paarbeziehung der Eltern stört. Da die Paarbeziehung aber die Grundlage der Familie ist, muss sie auch an erster Stelle stehen und der Partner innerlich Vorrang gegenüber dem Kind haben.

Dazu ist es zum Beispiel wichtig, dass das Paar sich Zeit füreinander nimmt, in der das Kind nicht dabei ist. Aber auch wenn es anwesend ist, kann und sollte es Zeiten geben, die dem Partner gehören und in denen das Kind sich zurückhalten muss (und notfalls auch zurückgewiesen wird). Die verbreitete Fixierung auf das Kind und seine angeblichen Bedürfnisse führt zu kindischen Erwachsenen und einer kindischen Gesellschaft; Beziehungen können auf diesem Boden nicht mehr gedeihen.

Die Mehrfamilien-Familie

Einer meiner Freunde hat seit gut einem Jahr eine neue Partnerin. Sie wohnen jetzt zusammen, sie hat drei Kinder mit in die Beziehung gebracht, er zwei. Seine Frau ist vor drei Jahren an Krebs gestorben, seine neue Partnerin ist geschieden. »Patchwork-Familie« nennt man dies heute in unserem modisch-peppigen Verniedlichungsenglisch – aus Resten zusammengeflickt. Was bei Kleidungsstücken ganz nett sein kann und nicht mehr als etwas Stilgefühl und Schneiderkunst erfordert, ist hier jedoch eine Aufgabe, die allen Beteiligten viel abverlangt. »Mehrfamilien-Familie« ist zwar kein so hübscher Begriff, aber er lässt deutlicher werden, welche Leistung die beteiligten Eltern und Kinder erbringen müssen. – Harry erzählt:

> »Wir müssen alle ständig nach unserem Platz suchen, besonders die Kinder. Grundsätzlich verstehen sich alle recht gut, das ist schon mal wichtig. Die Kinder haben sich angefreundet, und zwischen Margret und mir ist ohnehin alles klar. Aber ihre Kinder haben noch einen Vater, der sich auch gut um die Kinder kümmert und sie am Wochenende oft zu sich nimmt, während

meine nicht mehr zu ihrer Mutter können. Ich kann mich also, was Margrets Kinder betrifft, gut raushalten, der richtige Vater ist da und kümmert sich, aber Margret muss in gewisser Weise auch Mutter für meine Kinder sein.«

Harrys Fall ist sicher nicht der schwerste, weil es hier keine verfeindeten Exmänner oder -frauen gibt und er und Margret sich recht gut bewusst sind, dass sie sich nicht nur mit einem neuen Partner zusammengetan haben, sondern auch mit dessen Kindern, ohne dass sie den anderen Elternteil wirklich ersetzen könnten.

Das ist nicht die Regel. Vielfach machen sich Paare vorher nicht klar, was es bedeutet, einen Partner mit Kind zu nehmen.

Allein erziehende Frauen suchen oft einen »richtigen« Vater für die Kinder – sei es, dass die alte Beziehung getrennt wurde und die Kinder bei ihnen blieben, sei es, dass sie zu denen gehörten, die einen Mann nur als Erzeuger betrachteten und denen im Laufe der Zeit klar geworden ist, dass es doch nicht so schlecht ist, wenn das Kleine mit einem Vater aufwächst. Da Frauen normalerweise nach Männern Ausschau halten, die älter sind als sie, ist die Wahrscheinlichkeit groß, dass sie auf einen Partner treffen, der ebenfalls Nachwuchs hat. Dieser lebt zwar meist bei der Mutter, das ändert aber nichts daran, dass es seine Kinder sind und sie mit zu ihm gehören.

Männer haben ihr Kind weniger oft »im Handgepäck« und suchen daher selten eine Mutter dafür (weil es bei der richtigen Mutter lebt), aber es existiert doch, und auch bei ihnen ist die Wahrscheinlichkeit umso höher, auf eine Frau mit Kind zu treffen, je älter sie sind. Daher ist es inzwischen in vielen neuen Beziehungen so, dass ein fremdes Kind mit hineinspielt. Was hat man da zu beachten, wie sind die Ordnungen?

Zunächst einmal muss beiden klar sein, dass sie nicht nur eine neue Frau oder einen neuen Mann nehmen, sondern einen Menschen mit einschlägiger Vergangenheit – eine Frau oder einen Mann mit Kind(ern). Das Kind ist schon da, wenn die Beziehung beginnt, und hat daher Vorrang vor der Beziehung. Vorrang heißt: Es kommt immer zuerst, dann erst kommt der neue Partner. Das ist ein Naturgesetz!

Also: Ich darf nicht erwarten, dass ich als Partner für meine neue Frau oder meinen neuen Mann wichtiger bin als ihr/sein Kind. Wenn ich versuche, mich dazwischenzudrängen oder einen Keil hineinzutreiben, scheitert die Beziehung.

Manche schauen verwundert, wenn sie dies hören, aber es wird sofort einsichtig, wenn man sich zum Beispiel vorstellt, dass das Kind schwer krank wird oder einen Unfall hat oder Ähnliches – dann zählt für die Mutter (und auch den Vater) nur das Kind, und der neue Partner kann sich in diese Beziehung nicht einmischen. Also noch einmal: Wer einen Partner mit Kind nimmt, muss dem Vorrang des Kindes für den Partner voll zustimmen und sich, wie an der Bushaltestelle, hinten anstellen.

Zweitens: Zur Vergangenheit (und Gegenwart) des Partners gehört nicht nur das Kind, sondern auch dessen Vater oder Mutter. Ich muss mich nicht nur in Bezug auf das Kind, sondern auch hinsichtlich des früheren Partners hinten anstellen. Und zwar innerlich wie äußerlich.

»Innerlich« heißt: Ich muss anerkennen, dass er der Erste war. Ich habe meinen Platz auf seine Kosten. Zum Beispiel, weil die vorherige Beziehung gescheitert ist (dann profitiere ich von diesem – seinem – Scheitern), oder weil der frühere Partner gestorben ist (dann profitiere ich von seinem Tod). In beiden Fällen ist eine tiefe Verneigung vor dem früheren Partner und seinem Schicksal angebracht, auch wenn er an diesem Schicksal schuldhaft mitgewirkt hat. Erst die Verneigung erlaubt es mir, meinen Platz als Späterer ganz und mit gutem Gewissen einzunehmen.

»Äußerlich« heißt: Ich muss den Vorrang des Früheren in Bezug auf sein Kind voll anerkennen. Ich darf nicht ohne weiteres dessen Platz einnehmen, kann jetzt nicht plötzlich die neue Mutter oder der neue Vater sein, nur weil ich zum Partner des einen Elternteils geworden bin. Elternschaft und Paarbeziehung sind zwei verschiedene Paar Schuhe.

Wenn der andere Elternteil noch lebt, darf ich mich zum Beispiel nicht in die Erziehung einmischen. Das ist besonders dann oft ein Problem, wenn Frauen einen neuen Vater für ihre Kinder suchen. Es gibt nur einen Vater!

Manchmal wollen die Frauen das nicht wahrhaben (weil sie die Vaterschaft nie im vollen Sinne – das heißt über Zeugung und Zahlung hinaus – anerkannt haben oder weil sie den Ex nicht mehr leiden können), manchmal wollen auch die Männer es nicht wahrhaben, weil sie sich ganz auf die Beziehung und das Kind eingelassen und es lieb gewonnen haben. Dieses braucht aber seinen leiblichen Vater, immer.

Ich hatte viele Familienaufstellungen, in denen Männer waren, die eine Schwangere oder eine Frau mit einem Baby geheiratet, der Frau und dem Kind voll zugestimmt, es wie ein eigenes aufgenommen und für dieses gesorgt hatten. Dennoch konnte man in jeder Aufstellung sehen, dass es das Kind zum leiblichen Vater zieht, auch wenn es den Stiefvater sehr mag, ja sogar dann, wenn es von der wirklichen Vaterschaft nichts weiß. Denn es ist von diesem Mann, sein Fleisch und Blut, er gehört genauso untrennbar zu ihm wie seine Mutter.

Ein neuer Mann darf sich nicht dazwischenstellen. Die Vaterschaft muss in vollem Umfang gewürdigt werden – das ist übrigens auch der beste Beitrag dazu, dass dieser Mann sich tatsächlich um sein Kind kümmert. Wenn er dies nicht tut – sei es, dass er nicht will, sei es, dass er es nicht vermag –, kann der neue Partner diese Rolle ersatzweise übernehmen. »Ersatzweise« bedeutet, dass er innerlich dabei den Vorrang des anderen achtet. Im Äußeren sollte er es in der Regel vermeiden, sich als Vater zu bezeichnen oder als Papa anreden zu lassen.

Die neue Partnerschaft ist also dem, was vorher war, in der Hinsicht nachgeordnet, dass man nicht so tun kann, als wäre das Frühere nicht gewesen. Als neue Partnerschaft, die etwas Vorangegangenes abgelöst hat, hat sie dann aber auch Vorrang vor dem Alten.

Man muss also folgenden drei Aspekten voll und ganz zustimmen:

- dem Gewesenen (so, wie es war, einschließlich der Bindung an einen Mann, eine Frau und an Kinder),
- dem Ende der früheren Beziehung – also der Trennung oder dem Tod eines früheren Partners – und
- der neuen Partnerschaft, der Gegenwart.

Wenn man dem zustimmt, steigen die Chancen auf ein Gelingen erheblich, denn am richtigen Platz kann jeder am besten gedeihen. Man muss allerdings auch schauen, dass das neue Paar bzw. der neue Partner einen guten Platz hat.

Wenn beide nur zurückschauen auf ihre alte Familie, hat das Neue keine Chance. Das heißt: In Anerkennung der Tatsache, dass beide nicht jungfräulich in die Beziehung gegangen sind, dass sie ebenso an Früheres gebunden sind und dort vielleicht auch noch Verpflichtungen haben, muss ganz klar sein, dass das Alte vorbei ist und die neue Partnerschaft jetzt die alte abgelöst und insofern auch Vorrang hat. Als Beziehung ist das Alte zu Ende, auch wenn noch Bindungen da sind.

Heute kommen viele Paare zusammen, bei denen in einer früheren Beziehung eine Abtreibung vorgenommen wurde. Von der Ordnung her gilt hier das Gleiche wie soeben ausgeführt: Das abgetriebene Kind sowie sein(e)

Vater/Mutter gehören zum Partner dazu. Die Abtreibung geht den Neuen im Grunde nichts an. Aber man kann dennoch keineswegs so tun, als ob nichts gewesen wäre. Er muss sie als etwas, was zum Partner gehört, achten.

Bei Frauen, die abgetrieben haben, wirkt der Schwangerschaftsabbruch in der Seele als schwere Schuld. Warum dies so ist und wie man damit umgeht, habe ich an anderer Stelle dargelegt (in *Liebe, die löst* und in *Das Hellinger-Prinzip*). Für unser Thema ist es wichtig, dass dies auch in neue Beziehungen hineinwirkt. Es wirkt wie etwas, was einen Teil der Seele der Frau besetzt – zumindest so lange, wie das abgetriebene Kind in der Seele der Frau nicht einen guten Platz gefunden hat. Insofern betrifft es dann den neuen Partner manchmal ganz massiv, auch wenn es ihn im Grunde nichts angeht und er nichts tun kann.

Für Männer gilt das zuweilen gleichermaßen, meist jedoch weniger massiv als für Frauen, weil sie eine Abtreibung nicht am eigenen Leib vornehmen und erfahren und auch bei der Entscheidung des Öfteren außen vor sind. Aber selbst dann belastet es sie manchmal, ohne dass sie es wissen – wie überhaupt dieses Thema meist tief ins Unterbewusstsein abgedrängt ist. Es spielt jedoch oft eine entscheidende Rolle bei schweren Beziehungskonflikten. Hier rate ich zu einer Familienaufstellung, weil es sehr schwer ist, das Thema Abtreibung für sich allein so zu lösen, dass die Seelen Frieden finden und spätere Partnerschaften oder gar Kinder nicht darin verstrickt werden.

Noch etwas sollte man wissen: Kinder kann man nicht hinters Licht führen. Sie wissen bzw. spüren ganz genau, was in einer Familie vor sich geht. Sie haben einen perfekt funktionierenden Kompass für Leerstellen und Unordnungen und merken exakt, wenn etwas unter den Teppich gekehrt oder verdreht wird. Sie mögen es nicht immer bewusst durchschauen, aber sie ahnen es, und ihre Seele reagiert darauf. Oft mit Verhaltensweisen, die sie selbst und ihre Eltern nicht verstehen. Wenn Kinder verhaltensauffällig oder krank werden (natürlich nicht die üblichen Kinderkrankheiten), ist fast immer etwas im Busch. Kinder sind die Seismographen in einer Familie, die zeigen, dass etwas aus der Ordnung geraten ist.

Es ist daher angebracht, sie nicht zu belügen und ihnen die wahren Umstände nicht zu verschleiern. Dies hat allerdings eine Grenze: Die ehelichen Verhältnisse, die Beziehung zwischen Vater und Mutter (oder Stiefeltern) wie deren gesamtes Intimleben gehen sie nichts an. Die Schlafzimmertür ist die Schranke. Zieht man die Kinder da mit hinein (das gilt auch für Streit zwischen den Eltern), überfordert man sie und fügt ihrer Seele Schaden zu.

Wenn die Kinder aus dem Haus sind…

Ein katholischer und ein evangelischer Priester sowie ein Rabbi sollen in einer Talkshow dazu Stellung nehmen, zu welchem Zeitpunkt menschliches Leben beginnt.

Für den Katholiken ist die Sache einfach: Menschliches Leben beginnt mit der Zeugung.

Sein evangelischer Kollege ist da unentschlossener. Das könne man so rigoros nicht sagen, meint er, da gebe es doch erst das Potenzial zu einem Menschen. Vom Beginn menschlichen Lebens könne man erst sprechen, wenn sich der Körper mit allen Organen herausgebildet habe, also etwa ab dem vierten Monat einer Schwangerschaft.

»Wovon redet ihr da eigentlich?«, meldet sich jetzt der Rabbi zu Wort. »Menschliches Leben beginnt, wenn die Kinder aus dem Haus sind und der Hund tot ist.«

Und dann, so könnte der Eheberater fortführen, schickt die Frau den Mann aus dem Haus, weil er ihr schon lange auf die Nerven geht und sie ihn jetzt nicht mehr braucht; oder er verlässt sie, weil er eine Jüngere gefunden hat. Aber Letzteres muss schon ein Mann aus besseren Kreisen, einer mit Geld oder Prestige sein, denn junge Frauen zieht es nur zu alten Männern, wenn es sich dabei um Alphamännchen handelt. Der gewöhnliche Mann wird von seiner Frau verlassen, falls er sich nicht rechtzeitig darum kümmert, dass seine Beziehung mit neuem Inhalt gefüllt wird, wenn die Kinder aus dem Haus sind.

So oder so: Wenn die Kinder erwachsen werden und sich anschicken, den elterlichen Haushalt zu verlassen, brechen für die Ehe schwere Zeiten an. Das hat einmal ganz praktische Gründe: Für die Mütter ändert sich die gesamte Lebensausrichtung. Vor allem, wenn sie nicht oder nur in Teilzeit berufstätig waren, bricht der Sinn und Inhalt ihrer Arbeit und ihres bisherigen Lebens weg.

Aber auch für berufstätige Mütter ändert sich der Fokus ihres Lebens drastisch. Dass sie damit mehr Zeit für sich selbst gewinnen, ist für die Beziehung oft eher eine Belastung als eine Erleichterung. Auf jeden Fall stehen sie vor der Aufgabe, die neue Freiheit und Freizeit mit etwas anderem zu füllen, was für sie Sinn macht. Oft fallen in diesen Zeitraum auch noch die Wechseljahre mit ihren hormonellen Veränderungen. Es ist eine Phase großer Veränderungen, und dies trifft auch die Beziehung.

Diese hat die vergangenen zwanzig oder dreißig Jahre ihren Sinn und Zweck wesentlich auch in der Sorge um die Kinder gehabt. Fällt dies weg, haben wir plötzlich wieder eine Zweierbeziehung. Geht das überhaupt noch? Wohl nur, wenn die beiden die Beziehung vorher gut gepflegt haben und sich nicht lediglich als Vater und Mutter, sondern auch als Paar gesehen und betätigt haben. Aber selbst dann haben sie einen schwierigen Übergang zu bewältigen: Die Partnerschaft braucht einen neuen Sinn, eine neue Ausrichtung. Der Fortpflanzungszweck ist erledigt, die Erziehung und Versorgung der Kinder ebenfalls.

Jetzt zeigt sich, ob die Liebe noch Kraft hat. Hat sie dies, könnte der Rabbi Recht behalten: Nun kann das Leben richtig anfangen, man kann die Früchte der Beziehung genießen. Und man vermag sich vielleicht auch ganz auf eine andere Ebene auszurichten, die die Beziehung noch einmal auf eine neue Weise fruchtbar werden lassen kann: das innere Wachstum.

Beziehung und Wachstum

Die Entdeckung des »inneren Wachstums«

»Menschliches Wachstum«, »inneres Wachstum« – was sind das für merkwürdige Begriffe? Vor fünfzig Jahren redete niemand so. Wachsen taten Bäume und Kinder, bis sie er-wachsen waren. Und Städte und Unternehmen und die Wirtschaft ganz allgemein. Erst im letzten Drittel des vergangenen Jahrhunderts kam die Rede vom inneren, menschlichen oder spirituellen Wachstum auf.

Nicht von ungefähr geschah dies zur gleichen Zeit, da im gesellschaftlichen Maßstab die Grenzen des (äußeren) Wachstums entdeckt wurden. Es ging nicht mehr weiter – so schien es jedenfalls, ausgelöst durch die Ölkrise, für kurze Zeit –, und wenn doch, dann nicht mehr so wie früher. Ein Ende des Wachstums in die Höhe und die Breite, eine Ende des äußeren Wachstums, der materiellen Vermehrung und Ausdehnung in einer endlichen und begrenzten Welt schien absehbar.

Aber wachsen müssen wir, dieser Impuls ist uns scheinbar unauslöschbar eingepflanzt, wenn nicht nach außen, dann eben nach innen. Als der äußere Raum knapp wurde, entdeckte man den inneren Raum (wieder).

Diese Entdeckung ging einher mit der Erfahrung, dass Reichtum, materieller Reichtum, allein nicht glücklich macht. Das ist zwar weder eine neue noch eine originelle Erkenntnis – die verschiedensten Religionen haben sie zu allen Zeiten verkündet –, aber erst mit dem in den sechziger Jahren einsetzenden breiten materiellen Wohlstand konnte dies zu einer *Erfahrung für viele* werden.

Die ersten Kinder dieser Wohlstandsgesellschaft begaben sich mithilfe von Drogen auf die innere Glückssuche, propagierten die Liebe als persönliches Lebensziel und politische Utopie (»Make love, not war«) oder zogen zu den Gurus nach Indien, um die vermuteten Schätze ihrer Innenwelt zu heben. Auch einige Psychologen, vor allem aus Kalifornien, schauten sich dort um und ließen sich inspirieren (der Altmeister C. G. Jung, der, ebenso wie sein Zeitgenosse Wilhelm Reich, in den Sechzigern neu entdeckt wurde, hatte ja auch schon heftig mit Indien geliebäugelt, sich dann aber doch nicht dorthin getraut; wahrscheinlich war die Zeit damals noch nicht reif, doch jetzt war sie es).

Abraham Maslow, ein amerikanischer Psychologe mit einer Antenne für kulturelle Strömungen, formulierte seine berühmte Bedürfnispyramide, wonach die menschlichen Bedürfnisse sich in mehreren Ebenen übereinander schichten. Die unterste Schicht bilden die materiellen Grundbedürfnisse nach Nahrung und Sicherheit, darüber liegen die emotionalen, darüber die geistig-kulturellen, und darüber letztlich die geistig-spirituellen. Menschliches Wachstum, so Maslow, müsse dieser Pyramide folgen und Stufe um Stufe nach oben steigen. Nur so könne der

Mensch sich ganz verwirklichen, sein volles Potenzial ausschöpfen. Wer sich – zum Beispiel durch die Anhäufung von materiellem Reichtum oder durch immer mehr und immer ausgefalleneren Konsum von Gütern und Vergnügungen – nur in die Breite entwickle, anstatt die Pyramide hochzusteigen, verfehle die volle menschliche Selbstverwirklichung und damit sein wahres Glück.

Maslows Vision wurde zur Leitidee einer neuen Psychologie, die die Therapie aus den Kliniken und psychiatrischen Praxen holte und zur Volksbeschäftigung für den gebildeten Mittelstand werden ließ.

Psychologie und Psychotherapie, so meinten die Pioniere dieser neuen Bewegung, konzentrierten sich viel zu sehr auf Krankheiten und Mangelzustände sowie deren Reparatur und orientierten sich dabei an einem fragwürdigen Normalzustand. Der Mensch habe aber ein viel größeres Potenzial, das überhaupt nicht ausgeschöpft sei – und zwar nicht nur eine äußere Fähigkeit, etwas zu leisten, sondern ein inneres Potenzial. Vor allem das Vermögen, zu lieben und aus sich heraus, ohne Abhängigkeit von äußeren Anreizen, glücklich zu sein. Dessen Unterstützung und Reifung könne, so die Hoffnung, nicht nur den Einzelnen glücklicher und verantwortlicher, sondern auch die Welt reifer und friedlicher werden lassen.

So unterschiedlich sie im Detail waren, so gab es doch eine verbindende Vision der neuen Therapien: Menschliches Wachstum wurde zur Leitidee vieler, die an die Arbeiten von Abraham Maslow, Carl Rogers, Peter Murphy, Fritz Perls, Alexander Lowen, Arthur Janov, Milton Erickson, Eric Berne, Stanislav Grof und anderer anknüpften.

»Human Potential Movement« nannte sich die neue Bewegung, übersetzt »Bewegung für menschliches Potenzial«. In Deutschland werden die vielen Therapieformen, die sie hervorgebracht hat und die heute den psychotherapeutischen Markt dominieren, unter dem Oberbegriff »humanistische Psychologie« geführt.

Das Innere als Potenzial und Bürde

Was hat das alles mit unserem Thema zu tun, mit Paarbeziehungen? Vordergründig sicherlich, dass aus dem Umfeld und den Erfahrungen dieser neuen Psychologie viele Erkenntnisse für das Zusammenleben in Beziehungen und für Bedingungen und Entwicklungen, die der Liebe hinderlich oder förderlich sind, gewonnen wurden. Sie haben dazu beigetragen, dass die in uns verborgenen Quellen inneren Reichtums wiederentdeckt wurden, dass verschüttete Gefühle wieder spürbar, vergessene Bedürfnisse wahrgenommen und ausgedrückt wurden, dass Männer und Frauen Wege und Mittel fanden, einander ihre Wünsche zu zeigen, mitzuteilen und auch Konflikte in einer Weise auszutragen, die einer Liebesbeziehung würdig ist.

Vielleicht kann man sogar sagen, dass sie eine neue Kultur der Selbstwahrnehmung und der Wahrnehmung des anderen begründet haben. Das Schauen nach innen hat sichtbar gemacht, dass in jedem von uns neben einem großen Potenzial auch tiefe Verletzungen, Schmerzen und wahre Abgründe verborgen sind, dass vieles, was wir in Konflikten dem Gegenüber anlasten, auch in uns selbst ist und dass an unserer Verletztheit, unserer Wut und unserem Schmerz der andere vielleicht gar keine Schuld hat. Insoweit ist der Blick auf uns selbst und in uns selbst hinein ein wichtiger Teil einer Beziehung geworden, was wir nicht zuletzt dieser Entwicklung in der Psychologie verdanken.

Ich gebe dazu ein persönliches Beispiel. Es hat mich viele Jahre lang gestört, dass meine Frau die Angewohnheit hatte, mir eine Frage zu stellen und sich dann nicht mehr für meine Antwort zu interessieren. Wenn ich dies ansprach, meinte sie, meine Ausführungen seien ihr zu weitschweifig oder zu belehrend, während ich glaubte, mich umso mehr anstrengen zu müssen, je weniger sie zuhörte, und schließlich enttäuscht aufgab oder innerlich wütend wurde.

In den ersten Jahren einer Beziehung merkt man so etwas nicht – ich jedenfalls habe es nicht bemerkt (vielleicht hat sie da auch noch aufmerksamer zugehört). Aber mit der Zeit ist der Ärger immer größer geworden, und es gab öfter und öfter heftigen Streit deswegen. Ich fühlte mich unverstanden und warf ihr das vor; sie fühlte sich angegriffen und machte mir das zum Vorwurf. Am Ende stand ich verzweifelt und wütend da, beide fühlten wir uns verletzt, und es kostete eine enorme Kraft, dies hinter uns zu lassen und wieder aufeinander zuzugehen.

Als es mal wieder so weit war – bei einem Spaziergang mitten im Wald –, sagte ich: »Ich fühle mich von dir verraten, wenn du mich etwas fragst und dann nicht mehr zuhörst.«

Sobald ich das Wort »verraten« ausgesprochen hatte, durchzuckte es mich. Ich wusste, dass dieser Begriff zu groß war für solch ein an sich lächerliches Geschehen. Ihr Verhalten mochte nicht nett, unaufmerksam, vielleicht auch achtlos mir gegenüber sein – aber »Verrat«? Das war zu groß, Verrat ist etwas anderes. Und doch war das genau mein Gefühl: »Ich werde verraten.«

Da ich zu dieser Zeit schon anderthalb Jahrzehnte Innenschau geübt hatte, kam ich tatsächlich auf die Idee, dies in einer realen Konfliktsituation einmal auf mich selbst anzuwenden. Ich gestand mir und ihr ein: Das Gefühl des Verratenwerdens ist *mein* Gefühl, es hat ursächlich nichts mit der gegenwärtigen Situation und mit meiner Frau zu tun, es ist ein uraltes Gefühl, das durch ihr Verhalten lediglich ausgelöst wird. Ich erreiche also nichts, wenn ich mit ihr streite, ich muss mich diesem Gefühl als etwas Eigenem stellen.

Was ich hier ausbreite, geschah damals im selben Moment, in dem ich die Unangemessenheit dieses Wortes wahrnahm. Sobald ich einsah und akzeptierte, dass dies mein ureigenstes Problem, mein ureigenstes Gefühl war, verschwand dieses Gefühl des Verraten- und Betrogenseins sofort, und an seine Stelle trat ein unglaublich tiefer Schmerz. Es hat so wehgetan, dass ich kurz stehen bleiben musste. Und dann war es vorbei, der Schmerz verschwand, und ich erinnerte mich an etwas, was in meiner frühen Kindheit geschehen war.

Im Alter von zweieinhalb Jahren bin ich an den Füßen

operiert worden; sie mussten gebrochen und neu gerichtet werden, sonst hätte ich Klumpfüße bekommen. Meine Mutter hatte mich zusammen mit meinem Großvater ins Krankenhaus gebracht (sie musste mich dort für vier Wochen abliefern, ohne mich besuchen zu dürfen). Ich hatte den Braten wohl gerochen und ließ meine Mutter in dem Krankenhauszimmer nicht los, sodass sie nicht gehen konnte.

Nun war ich ein frühreifes Kind und konnte damals schon bis zwanzig zählen. Dies brachte die beiden auf die Idee, mir zu sagen, ich solle doch dem Onkel Doktor mal zeigen, was ich schon alles weiß und kann – das Abc aufsagen oder zählen. Auf diesen Trick bin ich reingefallen. Ich begann zu reden und zu zählen, der Doktor tat, als ob es ihn interessierte, ich achtete einen Moment lang nicht mehr auf meine Mutter, und sie machte sich aus dem Staub.

Das war der Verrat. Ich wurde nach meinem Wissen gefragt, aber in Wirklichkeit interessierte sich niemand dafür. – Es war natürlich kein objektiver Verrat, sondern »Verrat« war nur das Gefühl des kleinen Jungen.

Ich kannte die Geschichte aus Erzählungen meiner Mutter und hatte in meiner eigenen Erinnerung nur vage Bilder und Gefühle dazu. Aber dieses Szenario, gefragt zu werden, ohne dass meine Antwort wirklich gehört oder gar gewürdigt wird, ist mir immer wieder begegnet, vor allem in der Schule. Ich habe dabei gelernt, dem Schmerz auszuweichen, indem ich die Fragenden verachtete und sie innerlich für zu dumm erklärte, um meines Wissens würdig zu sein – ein Zynismus, der mich in gewisser Weise schützte, aber auch isolierte.

In der Gesellschaft war dies auszuhalten, aber in der Beziehung nicht. Erst recht nicht mehr, nachdem ich angefangen hatte, meine Gefühle und inneren Bedürfnisse zu entdecken. Ich wollte meine Isolation durchbrechen, stieß aber immer wieder auf die gleichen Muster von Ausweichen, Nicht-angenommen- oder Nicht-wirklich-gehört-Werden.

Bis zu jenem Spaziergang. Danach kam die Wende. Sie war ganz einfach, aber ich bin vorher nie darauf gekommen: Ich höre einfach auf zu reden, wenn mir jemand nicht zuhört. Das Zuhören ist seins, das Reden ist meins. Sein Zuhören kann ich nicht beeinflussen, mein Reden schon. Und wenn ich doch mal weiterrede und erst später merke, dass es den Zuhörer nicht interessiert, dann nehme ich's auf meine Kappe. Ich hätte ja aufhören können.

Diese Lösung wurde dadurch möglich, dass ich mich dem Schmerz stellte. Dass ich ihn niemandem anlastete, sondern ihn einfach als etwas Eigenes nahm. Man muss sich ihm nur aussetzen, ihn als etwas Eigenes nehmen, dann wirkt er.

In dem Moment – und seit diesem Moment – habe ich ihn auch nicht meiner Mutter angelastet. Es war nämlich plötzlich sonnenklar, dass ich ihrem Trick zwei gesunde Füße verdanke, auf denen ich seitdem wie ein normaler Mensch gehen kann. Zum ersten Mal fühlte ich einen Anflug von Dankbarkeit gegenüber meiner Mutter und konnte zugleich sehen, dass es für sie ebenso schmerzhaft gewesen sein musste wie für mich. Und mit dieser Einsicht – das Wort »Ein-sicht« bedeutet »Nach-innen-Schau« – war die Lösung da, auf der Stelle.

Ich konnte dem kleinen Jungen in mir seinen Schmerz lassen (dadurch, dass ich ihn als etwas Eigenes nahm, habe ich den Schmerz des Kindes erst gewürdigt) und zugleich, im selben Moment, als Erwachsener aus der Distanz darauf schauen.

Damit war es auch möglich, die Leistung meiner Mutter zu sehen und ihr aufrichtig und aus ganzem Herzen zu danken, ohne damit dem kleinen Jungen seinen Schmerz zu nehmen. Sie hat für meine Gesundheit, für meine Zukunft etwas Großes geleistet, etwas, was uns beiden sehr wehgetan hat, aber ein gutes Ergebnis zeitigte. Ich bin ihr zutiefst dankbar dafür. Seitdem hat sich das Kind in mir in diesen Situationen zurückgezogen, und ich kann erwachsen und ohne heftige Emotion mit solchen Umständen umgehen.

So weit ein Beispiel für die Fruchtbarkeit des Nach-innen-Schauens. Man muss sich dabei allerdings dem, was man dort sieht und fühlt, ganz aussetzen, ohne etwas zu beklagen, jemanden anzuklagen oder etwas ändern zu wollen. Dann – und nur dann – wirkt es unmittelbar.

Nach innen wachsen

Es gibt eine weitere tiefere Verbindung zwischen innerem Wachstum und unserem Thema. Um diese zu erfassen, muss man noch einmal auf die Ursprünge zurückschauen.

Die Paarbeziehung steht im Dienst der Fortpflanzung des menschlichen Lebens. Wir können auch sagen: Sie dient unserem Wachstum. Dieses Wachstum ist zunächst ein natürliches – wir vermehren uns. Aus zwei Menschen wachsen neue Menschen, die das Leben weitertragen. Das ist nach wie vor der innere Zweck der Paarbeziehung.

Aber es stößt, wie das quantitative Wachstum überhaupt, an seine Grenzen. Früher oder später kommen wir an einen Punkt (vielleicht ist er schon jetzt erreicht oder gar überschritten), an dem weiteres ungebremstes Wachstum nicht mehr der Erhaltung der Gattung dient, sondern ihren Untergang bewirkt. Es ist zwar eine Spekulation, aber ich könnte mir vorstellen, dass in dem Geburtenrückgang in den entwickelten Ländern eine evolutionäre Bremse zum Tragen kommt, die dieser Tendenz Rechnung trägt. So ähnlich, wie die Natur das Verhältnis von männlicher und weiblicher Nachkommenschaft ausgleicht, indem sie sogar dafür sorgt, dass nach Kriegen und dem Verlust vieler Männer mehr Jungen als Mädchen geboren werden, so könnte sie auch hier ihre unsichtbare Hand im Spiel haben.

Wie auch immer: Tatsache ist, dass das horizontale

Wachstum, die Vermehrung der Menschheit, heute nicht mehr die gleiche Rolle spielt wie früher. Damit stellt sich auch hier die Frage: »Wohin mit der Energie?« Braucht die Liebe eine neue Ausrichtung, damit sie fruchtbar bleiben kann?

Anders formuliert: Kann (muss) eine Beziehung auch nach innen wachsen? Kann sie dazu beitragen, dass die beiden Menschen sich nach innen entfalten, wenn sie keine Kinder bekommen oder die wenigen, die ein Paar heute noch zur Welt bringt, groß geworden sind, ausziehen und der Zweck der Partnerschaft sich neu gestalten muss? Oder, ganz allgemein, wenn die Not die Beziehung nicht mehr zusammenhält? Kann die Paarbeziehung damit vielleicht sogar eine winzige Zelle für ein anderes menschliches Wachstum sein – nicht als alleinige Alternative, aber als sinnvolle und notwendige Ergänzung?

Die Antwort habe ich in meinen bisherigen Ausführungen schon vorweggenommen – sie lautet natürlich »Ja«.

Wir müssen jedoch genau hinschauen, wie Wachstum funktioniert. Wenn wir dies tun, sehen wir, dass es nicht *gemacht* werden kann. Es *geschieht* von innen heraus, Wachstum ist die Natur des Lebens. Wir vermögen allenfalls ein bisschen zu düngen, zu wässern, zu kreuzen – und auch da kann man schnell des Guten zu viel tun, sodass wir am Ende zwar schönes, aber saft- und kraftloses Gemüse haben.

Das ist genau der Fehler bei vielen Protagonisten der humanistischen Psychologie und Psychotherapie sowie ihrer Kundschaft: Sie wollen inneres Wachstum *machen*.

Die meisten dieser Therapien sind darauf aus, »Blockaden« zu beheben, die den Menschen angeblich daran hindern, »er selbst« zu sein. Sie folgen heimlich (zumeist unbewusst) einem idealen Menschenbild und wollen dabei helfen, die Dinge aus dem Weg zu räumen, die der vermeintlichen Realisierung dieser Wunschvorstellung im Wege stehen.

In gewisser Weise stellen sie eine Verinnerlichung der idealistischen Gesellschaftsutopien des 19. und 20. Jahrhunderts dar. Sie wollen nach wie vor die Welt verändern. Und nehmen die Kindheit und die Umwelt als etwas wahr, was diesem Ideal, dem wahren Menschen, entgegensteht. Dieses Veränderungsstreben, dieses Die-Welt-nach-seinem-Bilde-Gestalten, ist ein kindlicher Impuls.

Daher kommt es nicht von ungefähr, dass in vielen dieser Therapien das »innere Kind« im Mittelpunkt steht. Anstatt aber dem Kind seine Verletzungen, seine Wunden und Schmerzen zu lassen (so, wie ich es vorhin für mein eigenes inneres Kind beschrieben habe), wollen sie sie ihm nehmen und es dadurch heilen. Sie wollen ihm im Nachhinein helfen, ihm nachträglich eine heile Kindheit geben. Dabei schauen sie nur auf das Kind, seine Schmerzen und Wünsche, identifizieren sich mit ihm und perpetuieren so seine Weltsicht und seinen Schmerz (und seine Wut).

Man kann dies auch an den Anhängern dieser Bewegung sehen. Sie sind kindlich. So gut die Öffnung zum kindlichen Gefühl ist, die dort stattfindet, so wenig führt diese Arbeit zur Lösung, solange sie das Kind mit seinen

Erfahrungen nicht so lässt, wie es ist, und ihm sein Leiden zumutet. Die Klienten reihen Kurs an Kurs, um in ihr Inneres vorzudringen und dort etwas zu ändern, »an sich zu arbeiten«, wie das Credo dieser Bewegung lautet.

Das funktioniert nicht. Das Einzige, was gelingen kann, ist, sich der Wirklichkeit zu stellen, vor ihr anzuhalten und sie in uns wirken zu lassen. Was das in der und für die Paarbeziehung bedeutet, möchte ich zum Schluss noch kurz darlegen.

Grenzen des Verstehens

Alle Frauen wissen, dass ein Mann sie nicht verstehen kann. Als ich bei einem Vortrag einmal sagte: »Die Männer werden die Frauen nie verstehen«, schauten mich alle Frauen – sie machten drei Viertel des Publikums aus – zustimmend an. So viel Verständnis von einem Mann tat ihnen sichtbar wohl. Ich habe dann eine kleine Pause gemacht – und bin fortgefahren: »… und die Frauen verstehen die Männer natürlich auch nicht!« Sofort änderten sich die gerade noch sehr zufriedenen Mienen der Damen, und einige wurden ganz unruhig und wollten protestieren.

Vielleicht meinen Frauen, weil sie Mütter sind und die Männer einst aufgezogen haben, würden sie diese besser verstehen als umgekehrt. Sie mögen ein großes Herz für ihre Söhne haben, sie mögen Verständnis für all deren Dummheiten aufbringen, aber das heißt nicht, dass sie den Mann verstehen. Das Männliche – auch das Männliche in ihrem Sohn – bleibt für die Frau genauso eine andere Welt wie das Weibliche für den Mann.

Je tiefer man in eine Beziehung hineingeht, umso deutlicher wird, dass jeder ein Universum für sich ist. Und dieses Universum, dieses Mysterium, kann ich nicht verstehen. Ich kann es nur achten. Das ist eine große Herausforderung an unsere rationalistische Weltsicht. Wir glauben, alles verstehen zu müssen und zu können, wir wollen das Geheimnis nicht gelten lassen. In der Beziehung stoßen wir aber darauf, dass der andere ein Geheimnis ist und bleibt.

Viele Kämpfe in einer Beziehung wären überflüssig, wenn wir dies anerkennen und vor dem Geheimnis staunend stehen bleiben könnten. Anfangs haben wir das getan: Wir hielten staunend an vor dem anderen, gerade das andere, das Unbekannte an ihm oder ihr faszinierte uns ja. Wenn es dann aber zu Konflikten kommt, wird es entweder abgewertet, oder man versucht, es zu verstehen, hinter das Geheimnis zu kommen. Man »arbeitet an der Beziehung«, anstatt den anderen einfach zu nehmen, wie er ist. Das einzig Gute, was bei dieser Arbeit herauskommen kann, ist die Einsicht, dass sie nichts bringt.

Diese Einsicht darf man jedoch nicht mit Resignation oder Kapitulation verwechseln. Wenn man also sagt: »Es hat sowieso keinen Zweck, die Männer sind einfach blöde« oder »Sie wird es nie lernen, es ist zwecklos«, wird nichts gewonnen. Der Kampf geht heimlich weiter, denn Resignation ist nur eine Pause im Kampf.

Einsicht heißt, ich stimme zu, dass der andere ein Geheimnis bleibt, ich halte staunend vor dem Geheimnis des Weiblichen oder des Männlichen an und lasse es auf mich wirken. Und ich stimme zu, dass ich ihn oder sie trotzdem liebe. Dann verwandelt mich die Liebe, da fängt sie eigentlich erst richtig an. Wenn man das versteht, dann wird man transformiert, dann wird man durch eine Beziehung innerlich gewandelt. Das ist die Wachstumsdynamik, die in einer Beziehung steckt.

Die Kommunikation und das Gespräch sind damit aber nicht überflüssig. Es gibt viele Dinge des Alltags, über die man sich verständigen kann und muss, und es gibt zahlreiche Erfahrungen, Eindrücke und Erlebnisse, die man sich mitteilen und so miteinander teilen kann. Aber der Partner wird diese Erfahrungen auf eine andere Weise einordnen und bewerten als ich, in seinem Kontext bedeuten sie nicht dasselbe wie in meinem. Da sollte dann die Diskussion enden. Mitteilung ja, Diskussion nein.

Praktische Verständigung bedeutet, dass ich den anderen nicht verstehen und dass ich seine Sicht nicht teilen muss. Wenn die verschiedenen Auffassungen und Einstellungen auf dem Tisch sind, wenn klar ist, dass der eine Angst vor Hunden hat und der andere Hunde liebt, kann man einen Weg finden, der beiden gerecht wird, ohne dass man das Hundethema und die Angst durchdiskutiert und unbedingt verstehen will, woran dies liegt. Es ist so, man ist verschieden, denkt verschieden, fühlt verschieden, urteilt verschieden – wenn man dies sieht und anerkennt, sind meistens praktische Lösungen möglich.

Das gilt auch für Konflikte. Die Dinge müssen auf den

Tisch, man muss aussprechen dürfen, was einem auf dem Herzen liegt, aber es muss nicht (darf nicht) darüber diskutiert werden.

In einer Beziehung sollte jeder ohne Angst dem anderen sagen können, was ihm wichtig ist oder was ihm wehtut. Dabei darf und muss man ihn aber nicht angreifen. Man bleibt bei sich, teilt mit, was ist, ohne Anklage und ohne Anspruch.

Es mag sein, dass er dies nicht hören mag, dass er sich missverstanden, nicht richtig gesehen, beobachtet oder belehrt fühlt. Aber das muss er aushalten. Wenn man sich dem anderen nicht mehr mitteilen darf, weil dieser das als Angriff empfindet, wird die Kluft zu groß. Dann driften beide auseinander, dann will man den Partner nicht mehr wahrnehmen, um die eigene Persönlichkeit und ihre Empfindsamkeiten zu schützen.

Ich bringe ein Beispiel. Ein Mann lässt seine schmutzige Wäsche im Bad einfach auf dem Boden liegen, anstatt sie in den dafür vorgesehenen Behälter zu werfen. Der Frau passt das nicht, doch sie räumt die Wäsche trotzdem weg und ärgert sich dabei. Sie sagt erst mal nichts, aber irgendwann, bei einem anderen Konflikt, platzt es aus ihr heraus: »Und deine Wäsche könntest du auch mal in den Wäschekorb werfen anstatt auf den Boden, das ist nicht nur schlampig, sondern auch unverschämt mir gegenüber.«

Wird er etwas ändern? Kaum – und wenn, dann mit Ärger im Bauch. Da er angegriffen wurde und sie versucht hat, ihm ein schlechtes Gewissen zu machen, wird er sich wahrscheinlich verteidigen, indem er ihr nun seinerseits vorwirft, was sie falsch gemacht hat.

Soll sie schweigend leiden? Nein. Sie könnte zum Beispiel sagen: »Ich möchte nicht, dass du deine Wäsche einfach liegen lässt, ich fühle mich dann nicht geachtet.« Punkt. Keine weitere Diskussion, keine weitere Erklärung.

Wenn es nicht wirkt, könnte sie später einen draufsetzen: »Wenn du deine Wäsche weiter auf den Boden schmeißt, wasche ich sie nicht mehr.«

Besser wäre es allerdings, wenn sie sagte: »Du darfst deine Wäsche ruhig weiter auf den Boden werfen, sie wird dann aber nicht mehr gewaschen.«

Noch besser wäre es, sie sagt gar nichts, legt die Sachen beiseite und lässt sie einfach liegen. Wenn er dann nach seinen gewaschenen Hemden fragt, könnte sie ihm sagen, dass sie nur die Sachen wäscht, die im Wäschekorb liegen. Das müsste sie dann aber auch tun.

Es gibt also viele Möglichkeiten. Sie alle setzen, wenn sie funktionieren sollen, voraus, dass man handelt, anstatt anzuklagen, Vorwürfe zu machen, zu predigen und zu erziehen. Dagegen wehrt sich jeder, offen oder versteckt.

Nun könnte es jedoch sein, dass sie das nicht so leicht kann, dieses praktische, lösungsorientierte Handeln ohne Vorwurf; sie fühlt sich so verletzt durch seine Unachtsamkeit, dass sie meint, ihn unbedingt ändern zu müssen, weil sie es sonst nicht mehr mit ihm aushalten kann. Tatsächlich tauchen in jeder Beziehung mit der Zeit mehrere Konfliktpunkte auf, bei denen es sich so verhält. Das muss nicht die weggeworfene Wäsche sein, es kann sich auch um schwerwiegendere Probleme handeln. Der Anlass ist jedoch nebensächlich – für jeden ist das Thema am schlimmsten, das ihn gerade verletzt.

Hinter solchen Gefühlen der Verletztheit steckt immer eine alte Geschichte, die mit der Beziehung nichts zu tun hat. Ich habe bei meinem persönlichen Beispiel eine solche Begebenheit geschildert. Das Alte muss aber nicht aus der eigenen Biographie stammen; es kann, wie die Familienaufstellungen eindrucksvoll zeigen, auch ein übernommenes Gefühl aus der Familiengeschichte sein.

Wenn die Frau bei unserem Wäschebeispiel sich durch die Schludrigkeit des Mannes so verletzt fühlt, dass sie nicht pragmatisch handeln kann, würde ich vermuten, dass – zum Beispiel – ihre Großmutter von ihrem Mann durch ähnliche Verhaltensweisen gezielt gedemütigt wurde, ohne sich wehren zu können. Dann bleibt dieser Schmerz in der Familie, wird von Tochter oder Enkelin unbewusst aufgegriffen und auf den eigenen Mann übertragen, obwohl der ihr damit nicht wehtun will, sondern nur von seiner Mutter so verwöhnt wurde, dass er sich gar nichts dabei denkt, die Wäsche einfach fallen zu lassen.

Dennoch bringt es weder etwas, mit ihm zu diskutieren, damit er sie versteht (er wird sie nicht verstehen, seine Mutter hat doch auch immer alles weggeräumt – wo ist da das Problem?), noch kann sie ihn erziehen. Er wird allenfalls klein beigeben und sich an anderer Stelle schadlos halten. Und er macht ihr seinerseits Vorwürfe, denn sie ist auch nicht perfekt – oder?

Weder Vorhaltungen noch rationale Argumente werden etwas anderes bringen als Streit, denn es ist kein rationales Thema. Selbst bei scheinbar völlig sachlichen Angelegenheiten in einer Beziehung stecken hoch emotionale Dinge dahinter, sobald es darüber zum Konflikt kommt. Jede Diskussion um die Sache bewegt sich daher auf einer Ebene, um die es im Innern der Beteiligten (oder eines Beteiligten) gar nicht geht. Dort geht es um alte Wunden, von denen man meistens noch nicht einmal etwas weiß.

Das heißt keineswegs, dass es nicht sinnvoll wäre, sich gegenseitig die jeweilige Sicht mitzuteilen. Der andere sollte sie kennen. Dadurch lernt man etwas übereinander. Man erfährt, wie er oder sie die Dinge sieht. Daraus resultiert auch eine Art Verstehen, das Verstehen des Andersseins. Das bringt Frieden.

Es gibt dafür ein sehr gutes Verfahren, das allerdings große Disziplin erfordert: Bei einem Konflikt hat jeder die Möglichkeit, seine Gefühle und seine Sicht der Dinge mitzuteilen. Er muss dabei aber bei sich bleiben, er muss darauf verzichten, das Verhalten des anderen zu interpretieren und zu beurteilen. Er berichtet nur, was es bei ihm selbst ausgelöst hat, wie er sich fühlt, wie es ihm geht. Man muss auf jeden Vorwurf, jede Anklage, jede Interpretation und Analyse des Verhaltens seines Partners verzichten. Beide haben die gleiche Zeit, sich auf diese Weise mitzuteilen, und während der eine redet, hört der andere nur zu. Und das, was gesagt wurde, darf nicht kommentiert werden.

Wenn der eine fertig ist, redet der andere, und zwar ohne auf das, was der Partner gesagt hat, einzugehen. Auch er bleibt ganz bei sich. Danach geht man auseinander, man darf nicht über das Gesagte diskutieren. Dann wirkt es.

Danach taucht vielleicht aus der Tiefe ein sehr mächtiges Gefühl auf – es ist fast immer Trauer –, das man vermeiden wollte, indem man den Partner anklagt. Dieses wirkliche, tiefe Gefühl wird durch die Gefühle der Verletztheit, der Hilflosigkeit, des Ärgers und der Wut überlagert. All diese Emotionen dienen nur dazu, das eigentliche Gefühl – die Trauer und/oder die Liebe – nicht fühlen zu müssen.

Deshalb muss man darauf verzichten, sie auszuagieren. Nur dann kommt die Trauer ans Licht. Sobald sie am Licht ist, heilt etwas in der Seele, und das Gefühl der Verletztheit schwindet.

Dann ist man fähig, in der Gegenwart zu handeln. Zum Beispiel zu sagen: »Leg deine Wäsche bitte selbst in den Wäschekorb« (ohne den vorwurfsvollen Zusatz »Ich muss das schließlich auch tun« oder etwas Ähnliches). Und das funktioniert dann meist auch, denn dagegen muss er sich nicht wehren. Aber gegen Vorwürfe und erzieherische Attacken wird sich jeder wehren.

Eine andere gute Übung ist das Schweigen und das Hinschauen. Der alte Lehrsatz »Reden ist Silber, Schweigen ist Gold« hat in unserer wortlastigen Kommunikationskultur mehr Bedeutung als je zuvor. Es gibt allerdings zwei Arten des Schweigens: ein Totschweigen, also ein verdrängendes Schweigen – und ein zugewandtes, offenes, hinschauendes Schweigen.

Wenn Sie sich selbst und andere in einer emotionalen Auseinandersetzung genau beobachten, werden Sie feststellen, dass sich die Kontrahenten fast nie anschauen. Falls einer den anderen anblickt, will er ihn mit seinen Blicken bezwingen. Dann sieht er ihn aber nicht, sondern hat nur sich selbst und sein Vorhaben im Visier. Wenn wir den anderen wirklich anschauen, verstummen wir meist sofort. Im Kopf breitet sich Verwirrung aus, wir wissen nicht mehr, was wir sagen wollten.

Deshalb schauen Paare, wenn sie sich streiten, aneinander vorbei. Wer redet, schaut auf den Boden, an die Decke, auf seine Hände – irgendwohin, aber nur nicht in die Augen des Partners. Wenn er den anderen wirklich anschaut, muss er innehalten.

Was spielt sich da ab, wo schaut man da hin? Man betrachtet einen inneren Film, man bewegt sich in der Vergangenheit. Deshalb die Momente der Verwirrung, wenn man den Partner anschaut: Der Film bekommt einen Riss. Im Blickkontakt mit dem anderen ist man in der Gegenwart.

Das ist aber das Letzte, was man in diesem Moment möchte, denn wenn man in der Gegenwart ist, hört die Wut auf, schwindet das Gefühl, der andere habe mich verletzt. Dieses Gefühl kann ich nur aufrechterhalten, wenn ich ihn nicht anschaue. Denn es ist ein altes Gefühl. Aber da es ungeheure Macht über uns hat, ist es sehr schwer, seinem Sog zu widerstehen und den Partner offen anzuschauen. Dann können wir nämlich nicht weiter verletzt sein, nicht böse sein und nicht mehr streiten.

Im Blickkontakt kann ich dem anderen mein Erleben ganz schlicht mitteilen, kann ihm sagen, wie ich mich gefühlt habe oder gerade fühle. Dann sollte man sich gelegentlich noch einige Sekunden, vielleicht auch mal ein, zwei Minuten Zeit nehmen, einander still anzuschauen. Nur so lange, um ein Gefühl für die Gegenwart zwischen sich zu bekommen, für das, was gerade ist. Denn die Gegenwart ist alles, was wir haben.

Die Vergangenheit ist vorbei, und die Zukunft kommt vielleicht nie. Und wenn sie doch kommt, haben wir sie nur, wenn wir gegenwärtig sind. Und wir haben unseren Partner nur, wenn wir gegenwärtig sind.

Allein, verbunden und frei

Eine Frau entdeckt nach einer Aufstellung, dass sie allein ist. Bei ihren Eltern gab es keinen geschützten Platz für sie, wo sie einfach nur Kind sein konnte. Beide Eltern waren, jeder für sich, in ein schweres Schicksal verstrickt und dort gebunden, das Kind konnte ihnen nicht helfen und sie dem Kind nicht. Jeder war für sich allein.

Sie kleidet das am nächsten Tag in den Satz: »Mir ist etwas klar geworden, was mich schon mein ganzes Leben lang begleitet, was ich aber noch nie so klar gesehen habe: Ich bin einsam und habe nirgendwo einen Platz.«

Ich antworte: »Der erste Teil deiner Aussage stimmt,

der zweite nicht. Es stimmt, dass du einsam bist oder dich einsam fühlst. Du bist tatsächlich allein. Das ist deine Realität.«

Während ich dies sage, sehe ich, wie sie sich entspannt, ruhig wird und ihr blasses Gesicht etwas Farbe bekommt.

Ich frage: »Wie geht es dir, wenn du das hörst?«

Sie antwortet: »Nicht gut, aber besser. Ich werde ruhig.«

Ich sage: »Das ist das, was passiert, wenn man sich seiner Wirklichkeit stellt. Man wird ruhig, und als Nächstes bekommt man Kraft.«

Sie ist ganz Ohr, und man sieht, dass sie sich noch mehr entspannt. Zugleich wirkt sie zunehmend gesammelter, ernster und kraftvoller. Das sind nur ganz subtile Anzeichen, die eine innere Bewegung anzeigen. Aber die Energie ist für jeden spürbar. Es ist, als wenn aus einem Kind ein erwachsener Mensch wird.

Ich fahre fort: »Und jetzt zum zweiten Teil: Wenn du in Kontakt mit deinem Alleinsein bist, bist du in Kontakt mit deiner Wirklichkeit. Und wenn du in Kontakt mit *deiner* Wirklichkeit bist, bist du auch in Kontakt mit *der* Wirklichkeit. Du bist mitten im Leben. Und dann hast du dort auch einen Platz und kannst in Kontakt mit allen anderen sein. Dein Alleinsein bleibt eine Tatsache, aber du wirst dich nicht mehr einsam fühlen.

Solange du dein Alleinsein aber nicht sehen und nicht nehmen willst, bist du von deiner eigenen Wirklichkeit abgeschnitten und damit auch von der Wirklichkeit überhaupt. Dann fühlst du dich verloren.«

Sie nickt, und man kann sehen, dass es ihr gut geht, obwohl der Ernst bleibt. Der ist auch angemessen, denn es handelt sich um etwas sehr Schweres und Grundlegendes, dem sie da begegnet ist. Grundlegend nicht nur für sie, sondern für jeden.

Wir sind alle allein. – Die einen empfinden dies mehr und schmerzhafter, die anderen weniger. Wer in der Kindheit in seiner Familie einen guten Platz hatte, dem fällt es leichter, darauf zu vertrauen, dass er aufgefangen und getragen wird. Er hat eine gewisse Sicherheit kennen gelernt, das Gefühl der Geborgenheit, des Angenommen- und Geliebtseins. Wem, wie der Frau aus dem Beispiel, diese Erfahrung fehlt, hat es sicher schwerer, sich dem unbekannten, weiten Raum zu öffnen, den die Welt für uns bedeutet. Aber jeder, wie behütet er auch aufgewachsen ist, muss eines Tages den Schritt in die Welt ganz für sich allein machen, für alle ist das Erkennen des Alleinseins eine schmerzhafte Erfahrung, jeder wird sich dann einsam und verloren fühlen.

Wir alle kennen das Gefühl der Einsamkeit und versuchen auf viele Weisen, ihm auszuweichen. Zum Beispiel, indem wir es mit Alkohol und anderen Drogen betäuben, mit hektischer Aktivität, mit Konsum, mit Erlebnissucht, mit Arbeit, mit Sex zu übertünchen versuchen. Therapie- und Wachstumsgruppen dienen ebenfalls oft diesem Zweck, und viele bedienen ihn auch, indem sie dem Bedürfnis nach Gemeinschaft entgegenkommen. Das alles bringt uns der Lösung keinen Schritt näher. Sie liegt vielmehr darin, sich seinem Alleinsein zu stellen und es zu nehmen.

Auch eine Beziehung hebt die Tatsache des Alleinseins nicht auf. Wir werden allein geboren, und wir sterben allein. Selbst wenn andere mit dabei sind: Im Innern bleiben wir allein. Es gibt etwas, was wir mit niemandem teilen können, und es gibt etwas, was uns niemand abnehmen kann. Es ist allein *unsere* Geburt, es ist allein *unser* Tod. Niemand kann mein Leben erfahren und leben außer mir, niemand kann meinen Tod an meiner Stelle sterben.

Der Wunsch, der Partner oder die Partnerschaft möge einem dieses Alleinsein nehmen und ersetzen, ist gefährlich für die Beziehung. Nein, das ist nicht ganz richtig: Der *Wunsch* ist natürlich, *das Festhalten an dem Wunsch* ist gefährlich. Früher oder später merken wir nämlich, dass wir auch in der Beziehung letztlich allein sind, dass es einen Bereich gibt, den der Partner nicht mit uns teilen kann und den wir nicht mit ihm teilen können. Wenn wir dann trotzdem an unserem Wunsch festhalten, ist die Beziehung in größter Gefahr. Denn der Partner wird damit überfordert. Unser Alleinsein ist existenziell, es hat nichts mit der Beziehung zu tun.

Aus dem Einverständnis mit diesem Alleinsein heraus können wir dem Partner frei begegnen und zugleich unserer Bindung an ihn zustimmen. Bindung setzt das Alleinsein voraus – nur zwei Einzelne können sich binden. Sie hebt es aber nicht auf – das wäre Verschmelzung, Auflösung. In der Verbundenheit von zwei Einzelnen behält jeder seine Identität und seine Würde.

Zugleich ändert sich aber mit der Zustimmung zu Bindung und Alleinsein deren Charakter und Wirkung. Indem man der eigenen Wirklichkeit zustimmt, stimmt man der ganzen Wirklichkeit zu. Damit sind wir aber mit dieser ganzen Wirklichkeit in Verbindung. Diese Verbindung hebt das Gefühl der Einsamkeit auf (nicht die Tatsache des Alleinseins!) und lockert auch die Bindung, indem sie uns mit Weiterem (mit dem Ganzen) verbindet. Das schließt dann alle früheren Bindungen ein, ohne dass diese aufhören zu existieren. Wir sind verbunden und im Verbundensein zugleich frei.

Schluss

»Ihr sollt zusammenhalten in guten wie in schlechten Zeiten« – dies war einmal für viele Menschen ein beinah unumstößliches religiöses Gebot oder schlicht eine Folge wirtschaftlicher Notwendigkeit. Beides ist es heute nicht mehr. Es sollte auch keine moralische Forderung mehr sein, denn unter Zwang kann nichts erblühen, auch keine Beziehung und keine Liebe.

Ein ernst zu nehmender Hinweis bleibt es dennoch: Nicht nur die Ehe, nicht nur die Beziehung, nicht nur die gesellschaftliche Organisation und Ordnung der Liebe, sondern auch die Liebe selbst braucht die Reifung und Läuterung, die das Durchstehen schwerer Zeiten mit sich bringt. Ohne das wird sie nicht wachsen, sich nicht vertiefen, sondern mehr oder weniger auf der Stufe der Verliebtheit, der Faszination, der Sympathie, der gegenseitigen Duldung stehen bleiben. Das sind jedes für sich schöne und wertvolle Dinge, doch die Liebe hat ein ungleich tieferes Potenzial.

Das gemeinsame Durchstehen schwerer Zeiten und das Zusammenbleiben sind aber kein Selbstzweck. Wo die Differenzen zu groß werden, nimmt die Liebe selbst Schaden. Wenn man nur noch mit zusammengebissenen Zähnen ums Überleben der Beziehung kämpft oder sich aus dem Weg geht, um Konflikte zu vermeiden, ist der Traum vorbei. Dann kann man vielleicht sogar die Liebe und die gegenseitige Achtung retten, indem man die Beziehung aufgibt. Auch Kinder sollten dann kein Grund sein, durchzuhalten, denn Kinder leiden unter einer vergifteten Atmosphäre mehr als unter einer guten Trennung.

Zur Liebe und zur Partnerschaft gehören *drei*: die beiden Partner und das, was hinter ihnen wirkt, die uns nicht zugängliche schicksalhafte Bewegung, die die beiden einst zusammengeführt hat.

Beide Partner können tun, was in ihren Kräften steht, um die Beziehung zu stärken, aber jeder kann dies nur für sich tun, nicht für den anderen. Wenn einer nicht will, ist der andere machtlos.

Und beide sind machtlos gegen das Größere, was uns trägt und führt. Auch ein Nichtwollen mag vielleicht nur ein Ausdruck dieser Kraft sein, ohne dass der Einzelne sich dessen bewusst ist. Diese Kraft kann sie auch wieder auseinander führen. Wenn wir uns dagegen wehren, verhärten wir.

Es ist uns allerdings nicht immer offensichtlich, was diese Bewegung von uns will, ob wir noch im Einklang damit sind oder nicht. Wir können dies auch nicht durch Analyse und Nachdenken ergründen. Manchmal zeigt es sich, dann wissen wir. In diesem Wissen sind wir ruhig und gelassen. Denn wohin immer uns das Ganze führt, dort sind wir richtig.

Anschrift des Autors

Dr. Wilfried Nelles
Burgstraße 13 a
53947 Nettersheim-Marmagen
E-Mail: info@wilfried-nelles.de

Homepage mit Kursprogramm: www.wilfried-nelles.de